ROTA DA SEDA

COLEÇÃO HISTÓRIA NA UNIVERSIDADE – TEMAS

Coordenação
Jaime Pinsky e Carla Bassanezi Pinsky

Conselho
João Paulo Pimenta
Marcos Napolitano
Maria Ligia Prado
Pedro Paulo Funari

CIVILIZAÇÕES PRÉ-COLOMBIANAS • Alexandre Guida Navarro
ESTADOS UNIDOS NO SÉCULO XX • Flávio Limoncic
FASCISMO • João Fábio Bertonha
GUERRA DO PARAGUAI • Vitor Izecksohn
IGREJA MEDIEVAL • Leandro Duarte Rust
IMPERIALISMO • João Fábio Bertonha
INDEPENDÊNCIA DO BRASIL • João Paulo Pimenta
JUVENTUDE E CONTRACULTURA • Marcos Napolitano
PRÉ-HISTÓRIA DO BRASIL • Pedro Paulo Funari e Francisco Silva Noelli
REFORMA E CONTRARREFORMA • Rui Luis Rodrigues
RENASCIMENTO • Nicolau Sevcenko
REVOLUÇÃO FRANCESA • Daniel Gomes de Carvalho
ROTA DA SEDA • Otávio Luiz Pinto
SEGUNDA GUERRA MUNDIAL • Francisco Cesar Ferraz
UNIÃO SOVIÉTICA • Daniel Aarão Reis

Proibida a reprodução total ou parcial em qualquer mídia
sem a autorização escrita da editora.
Os infratores estão sujeitos às penas da lei.

A Editora não é responsável pelo conteúdo deste livro.
O Autor conhece os fatos narrados, pelos quais é responsável,
assim como se responsabiliza pelos juízos emitidos.

Consulte nosso catálogo completo e últimos lançamentos em **www.editoracontexto.com.br**.

Otávio Luiz Pinto

ROTA DA SEDA

HISTÓRIA NA UNIVERSIDADE –
TEMAS

Copyright © 2022 do Autor

Todos os direitos desta edição reservados à
Editora Contexto (Editora Pinsky Ltda.)

Foto de capa
A caravana de Marco Polo viaja em direção às Índias,
Abraham Cresques, 1375

Montagem de capa e diagramação
Gustavo S. Vilas Boas

Coordenação de textos
Carla Bassanezi Pinsky

Preparação de textos
Lilian Aquino

Revisão
Ana Paula Luccisano

Dados Internacionais de Catalogação na Publicação (CIP)

Pinto, Otávio Luiz
Rota da Seda / Otávio Luiz Pinto. – 1. ed., 2ª reimpressão. –
São Paulo : Contexto, 2025.
128 p. : il. (Coleção História na Universidade: Temas)

Bibliografia
ISBN 978-65-5541-181-2

1. Rota da Seda – História 2. Rotas comerciais – História
3. Ásia – História 4. China – História I. Título II. Série

23-0853   CDD 915

Angélica Ilacqua – Bibliotecária – CRB-8/7057

Índice para catálogo sistemático:
1. Ásia – História – Rota da seda

2025

Editora Contexto
Diretor editorial: *Jaime Pinsky*

Rua Dr. José Elias, 520 – Alto da Lapa
05083-030 – São Paulo – SP
pabx: (11) 3832 5838
contato@editoracontexto.com.br
www.editoracontexto.com.br

Sumário

Descobrindo a Rota da Seda 7

A abertura da Rota da Seda 11

Na Antiguidade 35

Sob a hegemonia islâmica 61

Entre os mongóis e o período Moderno 89

O mundo da Rota da Seda 107

Cronologia 123

Descobrindo a Rota da Seda

A aproximação entre pessoas, sociedades e culturas não é uma exclusividade de nossos tempos nem uma invenção do Ocidente. Há mais de 2 mil anos, a China deu início a um movimento de integração regional que culminaria em um amplo sistema econômico, cultural e histórico envolvendo a Ásia, a Europa e a África conhecido como Rota da Seda.

A Rota da Seda pode ser definida como um conjunto de estradas e trajetos comerciais abertos pela China entre o leste asiático e o mar Mediterrâneo, e que, entre os séculos II a.C. e XVI d.C., atravessava oásis, desertos e montanhas para que produtos exóticos e bens de luxo pudessem chegar a grandes cidades, como Chang'an, Bagdá, Alexandria ou Roma. Contudo, muito mais do que um trajeto comercial que ligou Oriente e Ocidente, a Rota da Seda também foi um processo de aproximação cultural entre diferentes sociedades asiáticas, africanas e europeias: as caravanas que a cruzavam não carregavam apenas objetos, mas também idiomas, escritas, textos, religiões, tecnologias, práticas políticas e ideologias que se disseminaram e ajudaram a criar, por onde passavam, um mundo mais cosmopolita.

Ainda que a Rota da Seda não tenha sido a única nem a mais antiga via de comércio do "Velho Mundo", ela foi talvez a mais significativa justamente por sua capacidade de integração cultural. É curioso, portanto, que um fenômeno tão importante para a história da humanidade seja tão pouco conhecido, especialmente entre os brasileiros. Talvez muitos leitores e leitoras jamais tenham ouvido falar da Rota da Seda. Alguns ainda podem ter tido contato com a Rota da Seda através de filmes ou livros de viagem que a descrevem como algo exótico e misterioso, com pouca relevância para o mundo moderno ocidental. Essa pouca familiaridade com a Rota da Seda faz com que ela pareça distante – tanto geográfica quanto historicamente – de nossa realidade contemporânea, mas isso apenas esconde o fato de que ela está muito mais próxima e viva do que imaginamos.

Em grande medida, a história da Rota da Seda é indissociável da história da China, um país de dimensões continentais que, desde 2009, é o maior e mais importante parceiro comercial do Brasil. Recebida com um misto de interesse e desconfiança, a crescente influência econômica e política da China no Brasil e no mundo coloca o país asiático em evidência, o que aumenta o apelo e a necessidade de se conhecer mais profundamente sua cultura, além de sua longa e relevante história. Um exemplo dessa conexão entre ações do presente e interesse no passado é a "Nova Rota da Seda" (também conhecida como "Iniciativa Cinturão e Rota"), um projeto desvelado pelo presidente chinês Xi Jinping em 2013 que consiste em um massivo investimento em integração econômica e infraestrutura, o qual, desde 2018, compreende também a América Latina: a "Nova Rota da Seda" é, acima de tudo, o estabelecimento de uma grande zona de influência mundial e que envolve diretamente o Brasil. A importância global dessa "Nova Rota da Seda" nos leva invariavelmente a redescobrir a "Velha Rota da Seda", e com isso também as interações culturais, as disputas políticas, as rivalidades econômicas e os choques culturais que marcaram sua história.

Este livro se propõe a ser "um mapa" para a rica e instigante jornada pela Rota da Seda, distante, mas ao mesmo tempo tão próxima. Ele apresenta acontecimentos, personagens, culturas e paisagens entre a China e a Ásia Central, compreendendo a Rota da Seda como um fenômeno para além de um conjunto de vias comerciais que ligavam Oriente e partes do Ocidente: um universo de trocas culturais e formações civilizacionais; um espaço de mobilidade, onde viajantes e caravaneiros se aventuraram para comercializar produtos exóticos e, como consequência, aproximaram diferentes sociedades que viviam em partes distantes do mundo.

Além disso, o livro destaca o fato de que a Rota da Seda está ligada tanto à história da China quanto à história da Ásia Central (equivalente ao que hoje são o Cazaquistão, Quirguistão, Tajiquistão, Turcomenistão, Uzbequistão, e partes do Afeganistão, da China, da Índia, do Irã, da Mongólia, do Paquistão e da Rússia). Ele mostra claramente como essa parte da Ásia, muitas vezes esquecida ou negligenciada pelas nossas sensibilidades históricas modernas, foi um espaço fundamental para que a "globalização" iniciada pela China no século II a.C. ganhasse forma e, no decorrer do tempo, vida própria. De fato, foram os variados grupos da Ásia Central que, intermediando o comércio de seda da China, tornaram as fronteiras do mundo menores e mais flexíveis. Nesse sentido, o recorte cronológico deste livro abarca, *grosso modo*, os mais de 1.600 anos que separam o século II a.C., quando a Rota da Seda foi aberta, e o século XVI d.C., quando a Rota da Seda foi desestruturada diante das mudanças globais que ocorreram no período Moderno.

Nossa aventura pela Rota da Seda se inicia com o capítulo "A abertura da Rota da Seda". Afinal, para entendê-la, precisamos saber como e quando ela começou. A história dessa abertura está intrinsecamente ligada ao consumo de bens de luxo – isto é, ao uso e abuso de coisas que possuem um valor simbólico maior, mais caro e mais precioso do que a mera praticidade e materialidade do objeto em questão. A seda, por certo, é um paradigma dos bens de luxo: por um lado, apenas um tecido; por outro, a vestimenta de reis e imperadores. Quando a China percebe o valor simbólico desse material, bem como a possibilidade de moldar o mundo a partir dele, começamos a falar efetivamente de uma Rota da Seda.

Em seguida, os capítulos "Na Antiguidade" e "Sob a hegemonia islâmica" contextualizam os caminhos que o cosmopolitismo, as trocas e as movimentações da Rota da Seda tomaram ao longo do tempo. É aqui também que fica claro como fenômenos que ocorrem na Ásia Central alcançam escopo global e têm consequências duradouras: a conectividade asiática explica, por exemplo, como a migração de uma confederação nômade pode ter como consequência a disseminação do budismo.

Ainda em termos contextuais, o capítulo "Entre os mongóis e o período Moderno" apresenta o ápice e o subsequente fim da Rota da Seda. Fim este mais metafórico do que literal: a partir do século XVI, as lógicas de comércio se alteram, mas todo o milênio precedente já havia transformado a Rota da Seda em um motor civilizacional que continuará funcionando (ainda que com novas roupagens).

O capítulo "O mundo da Rota da Seda" é momento em que perguntas são retomadas e respostas oferecidas, ficando claro como e por que é possível dizer que a Rota da Seda foi *um modelo para se construir civilizações*.

Embora não entre em detalhes dos debates historiográficos acerca da validade do uso do termo "Rota da Seda" em pesquisas sobre o passado afro-eurasiático, este livro assume e explicita sua posição, além de elucidar alguns pontos sobre essa questão ao longo dos capítulos. As "Sugestões de leitura" convidam o leitor a se aprofundar no assunto, se assim o desejar (por se tratar de um tema com ainda pouca bibliografia em português, excepcionalmente são mencionadas também obras em língua estrangeira).

Esperamos que essa viagem pelo passado de trocas culturais e nascimento de civilizações demonstre como a história da China (e, em maior medida, da Ásia Central) está próxima da nossa realidade, e como a aventura pela Rota da Seda pode auxiliar no entendimento do presente, quando a China volta a ocupar os holofotes da História.

A abertura da Rota da Seda

TROCAS DE LONGA DISTÂNCIA: UMA REALIDADE HISTÓRICA

Trocas de longa distância são tão antigas quanto a própria História. Mais de 5 mil anos atrás, na época em que os antigos egípcios ou os sumérios iniciavam a aventura da escrita, materializando palavras, nomes e frases em cerâmicas e tábuas de argila, alguns produtos e objetos já viajavam mais do que qualquer ser humano viajaria pelos próximos séculos – quiçá milênios! Desde o período Neolítico, minérios e pedras preciosas, como obsidiana, âmbar e jade nefrita, circulavam por diversas partes da Afro-Eurásia servindo para a confecção de ferramentas, como adorno de joias ou mesmo de ingrediente em receitas mágicas e rituais religiosos. Dentre esses materiais itinerantes, havia uma pedra semipreciosa de tom azul opaco, salpicada de pontos e filamentos brancos ou dourados especialmente relevante:

o lápis-lazúli. Essa pedra era bastante valorizada por diversas sociedades em distintas localidades, desde Harapa (também conhecida como Civilização do Vale do Indo, organizada no que hoje é o Paquistão, desde pelo menos 2600 a.C.) até o Egito e as cidades mesopotâmicas. Diferentemente de outros materiais, como obsidiana ou jade, na Antiguidade, o lápis-lazúli era extraído somente em um local: as minas do Badaquistão, região localizada entre o nordeste do Afeganistão e o sudeste do Tajiquistão. Por ter um único ponto de origem, atentar ao lápis-lazúli nos dá uma ideia do volume, da dimensão e da antiguidade das trocas de longa distância. Das minas afegãs ao Egito, onde o lápis-lazúli foi usado, por exemplo, para a confecção da famosa máscara mortuária de Tutancâmon, há uma distância de mais de 2.500 km. Para atravessá-la, esse minério passava pelas mãos de mercadores, caravaneiros ou marinheiros de diferentes origens étnicas, perpetuando um sistema de contato complexo e expansivo.

Em seu sentido mais simples, as trocas de longa distância tinham o objetivo de suprir a demanda por bens de luxo de elites locais. Bens de luxo podem ser entendidos como produtos que, ao mesmo tempo que não são indispensáveis para a existência material de um grupo (como comida, por exemplo), são dotados de valor simbólico, político ou cultural e, portanto, seu consumo define categorias e hierarquias sociais. Em outras palavras, o uso de adornos de jade ou de lápis-lazúli indicaria uma pessoa de alta extração social: um nobre, um aristocrata, um governante. Isso significa dizer que, mesmo não sendo materialmente indispensáveis, bens de luxo estão na base de sociedades desiguais, ou seja, de sociedades divididas em classes, grupos hierárquicos ou castas. Um produto considerado exótico, raro e de difícil aquisição pode adquirir altíssimo valor simbólico para aqueles que o consomem, e é exatamente por isso que as trocas de longa distância são tão ancestrais quanto a própria organização social, política e material de civilizações: uma coisa depende da outra.

Na Antiguidade, materiais orgânicos também podiam ser bens de luxo. Açafrão, cravo, canela, mirra, perfumes, óleos essenciais e incensos são bons exemplos; e não era incomum que percorressem longas distâncias e circulassem tanto quanto o lápis-lazúli e o jade. Faraós do Egito Antigo, por exemplo, enviaram grandes expedições comerciais para a misteriosa Terra de Punt, localizada provavelmente nas imediações da Eritreia ou da Somália, para conseguir mirra. A primeira viagem egípcia para Punt de que temos notícia foi organizada pelo faraó Sauré por volta de 2500 a.C. e trouxe consigo, na volta para o vale do Nilo, uma quantidade impressionante de mirra. Empreitadas comerciais que visavam aplacar o desejo "faraônico" dos governantes egípcios por mirra continuaram pelos séculos seguintes; a mais célebre delas foi a expedição organizada pela faraó Hatshepsut, por volta de 1472 a.C., que trouxe de Punt não apenas mirra tratada, mas também 31 árvores de mirra vivas para que fossem replantadas no Egito.

Também considerados bens de luxo, alguns produtos manufaturados – dentre os quais determinados tecidos, contas de vidro e cerâmicas – eram muito apreciados. Os tecidos eram especialmente requisitados, pois demandavam um processo produtivo menos complexo do que a extração de metais preciosos, por exemplo, e eram confeccionados de forma mais rápida e barata do que joias, além de serem leves e, portanto, fáceis de serem transportados em grande quantidade. Do ponto de vista simbólico, tecidos podiam ser importantes elementos de distinção social e política, já que a combinação de tramas e linhas permitia a construção de imagens e o estabelecimento de padrões visualmente identificáveis como sinal de luxo e *status*.

Na Antiguidade, era comum que as roupas fossem feitas de lã ou de pele de animais costuradas, ou transformadas em feltro. Tecidos de origem vegetal, como o linho, também eram empregados, especialmente no Egito, onde sacerdotes o usavam, por exemplo, para enrolar o corpo dos mortos. O algodão era menos comum, mas ainda assim era disseminado, sobretudo no subcontinente indiano, no vale do Nilo e em partes do planalto iraniano. Contudo, nem o linho nem o algodão eram tão raros ou considerados tão nobres quanto a seda. A seda começou a se espalhar pela Ásia somente no ı milênio a.C. – e, a partir dali, alcançou também a Europa e a África. No entanto, seu uso nas regiões do rio Amarelo era bem mais antigo.

A obtenção, as técnicas de produção e a tecelagem da seda eram um segredo caro à China, que atribuía a esse precioso tecido um símbolo de avanço, civilização e cultura elevada. Mais tarde, a seda se tornaria uma moeda de troca, um presente que acompanhava embaixadas importantes, e um emblema que selava a paz ou a amizade entre chineses e outros povos. Isso tudo fez com que, na Antiguidade, poucos produtos fossem tão desejados, tão simbólicos e considerados tão luxuosos quanto a seda.

Seda é uma fibra proteica obtida a partir do casulo de uma larva conhecida como *Bombyx mori* ou "bicho-da-seda". Aranhas, grilos e insetos que passam por metamorfose completa produzem diferentes tipos de seda, mas somente a do *Bombyx mori* é usada na fabricação de tecidos. Esse tipo de seda é conhecido na China há, provavelmente, mais de 10 mil anos, mas o bicho-da-seda foi domesticado provavelmente no v ou iv milênio a.C., quando grandes fazendas de *Bombyx mori* passaram a ser organizadas. Centenas de milhares de larvas eram alimentadas exclusivamente com folhas de amoreira e, após um período de maturação, elas produziam um casulo branco. Os casulos eram jogados em água fervente para liberar a cola natural que os envolvia e, nesse processo, se produzia um único grande fio de seda. Esse fio era então passado no tear em que seria produzido o tecido. Como se pode imaginar, o processo era lento, custoso e demandava técnica apurada: para produzir um quilo de seda tratada, era necessário extrair o fio individual de mais de 500 casulos. Ademais, a produção exigia uma organização cuidadosa e sustentável, porque a etapa de fervura deve ocorrer antes da liberação da mariposa. Isso significa que, para se obter um único fio de seda, a larva deve ser morta ainda dentro do casulo. Portanto, as fazendas de bicho-da-seda estavam envolvidas não apenas com o trabalho de preparação do fio, mas também de reprodução das larvas e mesmo de plantio de amoreiras para a alimentação dos insetos.

Para os chineses, todos esses procedimentos compensavam: o resultado era um tecido leve, isolante, resistente, macio e cintilante (a composição química da seda faz com que a luz seja refratada em ângulos variados, produzindo assim uma ampla gama de cores). Não demorou para que todas essas qualidades transformassem a seda no material predileto dos grandes governantes e da alta nobreza. Não é à toa que antigos geógrafos greco-latinos chamavam partes do Oriente genericamente de *serica*, Terra da Seda.

SEDA: A TESSITURA DA HISTÓRIA DA CHINA

Desde os primórdios civilizacionais chineses, a seda não foi apenas um artigo de luxo, mas também um importante pilar cultural e religioso. Quando o vale do rio Amarelo foi dominado pela dinastia Shang entre 1600 a.C. e 1046 a.C., os sacerdotes costumavam fazer previsões sobre o futuro ou consultas a espíritos e divindades através da confecção de objetos chamados de *jiagu*, ou "oráculos de osso". Esses oráculos eram escápulas de boi ou cascos de tartarugas que primeiro recebiam inscrições (com frases e invocações) e depois eram levados ao fogo até o ponto de rachadura – rachaduras que, em seguida, eram interpretadas pelos sacerdotes. Alguns desses antigos *jiagu* interpretados falavam sobre bichos-da-seda, outros sobre as folhas de amoreira-branca e alguns ainda faziam a invocação de uma entidade conhecida como *canshen*, ou o "espírito da seda". É provável que o *canshen* tivesse um importante papel religioso, já que alguns *jiagu* produzidos entre 1179 a.C. e 1130 a.C. tratam do sacrifício de bois e até mesmo de humanos exigidos pelo "espírito da seda".

Oráculo de osso do período Shang (c. 1200 a.C.), usado para previsão do futuro e comunicação com espíritos.

Com o passar do tempo, a divinação e os sacrifícios para o *canshen* cederam espaço para tradições de caráter mais cívico e comunitário. Durante o reinado da dinastia Zhou, que sucedeu a dinastia Shang em 1046 a.C., a seda estava no centro de uma cerimônia pública feita pela rainha e por suas cortesãs: uma vez por ano, em abril, elas davam início à temporada de sericultura, em um rito que envolvia a coleta de folhas de amoreira-branca e a distribuição de vestimentas de seda.

Após os longos séculos de governo das dinastias Shang e Zhou, uma nova dinastia, conhecida como Qin, ascendeu ao poder e, em 221 a.C., seu patriarca assumiu o título de *Qin Shi Huang*, literalmente: "O Primeiro Soberano de Qin". Esse ato político foi, oficialmente, o nascimento do Império da China. O mando dos Qin durou pouco menos de 20 anos; em 202 a.C., um camponês chamado Liu Bang conseguiu tomar o trono imperial, passando a ser conhecido como Taizu e dando início a um dos períodos mais famosos da História da China: o período Han. Os imperadores Han governaram a China por quatro séculos e, nesse período, não apenas as cerimônias de sericultura ganhariam mais contornos e importância, como também a própria seda chinesa passaria a ser comercializada por toda a Ásia.

A partir do governo de um imperador chamado Ming, que comandou a China entre 57 d.C. e 75 d.C., o *canshen*, "espírito da seda", passa a ser personificado como uma divindade feminina conhecida como *Xian can* ou "Primeira Sericulturista". Templos são construídos para Xian can, rituais cívicos são registrados em textos oficiais e cerimônias públicas, nas quais a imperatriz honra e representa a Primeira Sericulturista, começam a ser realizadas com mais frequência. Ao longo de alguns séculos, a figura da Xian can vai ganhando maior definição e sua lenda adquire um modelo narrativo, isto é, passa a ser padronizada: por volta do século X d.C., Xian can é identificada como a senhora Lei Zu (também conhecida como Xi Ling-Shi), a esposa principal do lendário *Huangdi*, o "Imperador Amarelo".

Huangdi é uma figura mítica e ancestral na cultura chinesa, entendido como um soberano infalível de uma época heroica e inacessível, lembrada por meio de lendas, narrativas e ritos. De acordo com variados textos imperiais chineses, os grandes soberanos do passado – especialmente o Imperador Amarelo – contribuíram com conhecimentos fundamentais para a coletividade e a civilidade chinesas. Nessa ótica, técnicas agrícolas, regras políticas, estratégias administrativas e conhecimentos literários eram presentes divinos deixados por figuras como Huangdi, e por isso não é estranho que, ao longo do tempo, as tradições da seda e da Primeira Sericulturista acabassem sendo associadas ao famoso Imperador Amarelo.

A moral das lendas em torno da sericultura é bastante direta: a senhora Lei Zu foi a primeira pessoa a criar bichos-da-seda e a descobrir que, de seus casulos, era possível extrair longos fios de um material maleável, macio e resistente. Esses longos fios são lançados em um tear e ali se unem num intrincado padrão, que gera sofisticados tecidos de seda. O Imperador Amarelo, por sua vez, entrega essas suntuosas tramas sedosas para os humanos mortais, que agora podem se vestir à imagem e semelhança de heróis e divindades, abandonando as peles de animais e tecidos grosseiros que comumente trajavam pessoas consideradas bárbaras e não civilizadas. Em outras palavras, a seda era um sinal de civilização dentro da cultura chinesa, um símbolo que diferenciava e separava os súditos do Império Chinês, um território privilegiado, de seus vizinhos.

Tais vizinhos são uma parte integral de nossa história! É na relação entre o Império Chinês e as populações ao seu redor que temos a explicação de como as trocas de longa distância e o desejo por bens de luxo alcançaram o lendário presente de Lei Zu e do Imperador Amarelo, abrindo aquilo que chamamos de Rota da Seda ao longo da Ásia.

UMA JORNADA A OESTE

Em certo sentido, a história da abertura da Rota da Seda é também a da relação conflituosa entre a China e as confederações nômades que a cercavam. Para que isso faça sentido, precisamos retroceder mais uma vez no tempo. Milênios atrás, quando os habitantes da Eurásia começaram a domesticar plantas e animais e usar ferramentas de pedra (e eventualmente de ferro) para operar esta Revolução Agrícola, iniciou-se também uma divisão entre dois modos de vida: o nômade e o sedentário. Ao sul dos desertos, das estepes e de cadeias de montanhas como o Cáucaso, o Altai e a cordilheira de Tian Shan, sociedades agrícolas começaram a se aglutinar e formar Estados complexos que, com o tempo, se tornariam forças hegemônicas – como é o caso do próprio Império Chinês. Já ao norte dessas mesmas barreiras naturais, outras sociedades mantiveram um modo de vida pastoril, se locomovendo entre planícies e montanhas em diferentes épocas do ano para aproveitar melhor os recursos dados pela terra. Poderíamos dizer, de forma bastante geral, que o sul da Eurásia se transformou em uma zona propícia para a agricultura, enquanto o norte se tornou uma zona de nomadismo. Essa distinção não significou, de maneira alguma, isolamento – pelo contrário, os conflitos entre nômades e sedentários foram uma constante na história da antiga Eurásia. Enquanto o caráter muitas vezes expansionista dos agricultores do sul representava uma ameaça para as sociedades não sedentárias, esses nômades do norte cobiçavam as abundâncias materiais das civilizações sedentárias, e realizavam frequentes ataques e rapinas para se apropriar desses recursos.

Cordilheiras que dividem o norte e o sul da Eurásia

Os conflitos se tornam ainda mais intensos na metade do I milênio a.C., quando os nômades do norte da Eurásia passam a usar o cavalo como principal meio de transporte e um símbolo de seu modo de vida.

Por volta de 400 a.C., o domínio da montaria se junta ao uso de arcos e flechas para criar, então, uma "máquina de guerra nômade" representada pelo arqueiro montado, um inimigo terrível para as infantarias sedentárias. Estas se viam cada vez mais à mercê de chuvas de flechas e de atacantes velozes, capazes de ir e vir no que parecia um piscar de olhos graças aos pequenos e ágeis cavalos das estepes. Essa maestria bélica era muito desenvolvida entre os nômades, cuja mobilidade propiciada pela montaria era também uma forma de subsistência: o que significa que todos aqueles que dominavam o pastoreio acabavam dominando igualmente, por consequência, a arte de guerrear sobre um cavalo. Essa "dupla capacidade" se tornou tão embrenhada nas sociedades nômades do norte que não demorou para que elas se organizassem em grandes confederações lideradas pelos pastores-guerreiros mais hábeis e poderosos. Nos limites ocidentais da estepe eurasiática, confederações de povos iranianos conhecidos como cimérios, citas e sármatas chegaram a dominar uma vasta região que ia da atual Ucrânia ao norte do Cazaquistão, e sua influência era tamanha que mesmo as cidades-Estados gregas e o próprio Império Persa temiam suas incursões montadas.

No leste, vemos também a ascensão de confederações nômades, e duas delas acabariam se destacando por sua importância histórica: a dos yuezhis e a dos xiongnus. A Confederação Yuezhi era formada, provavelmente, por pastores de origem indo-europeia (como citas e sármatas, de extração iraniana) que habitavam a região da atual província chinesa de Gansu, entre o limite oriental da cordilheira de Tian Shan e a depressão de Turpã, desde pelo menos o século III a.C. Ao que tudo indica, os chineses haviam estabelecido um contato amigável com os yuezhis, que providenciavam jade e cavalos em troca de bens de subsistência e também de luxo, como a seda, valiosa e rara entre os nômades. Já os xiongnus, que formaram uma importante confederação de sociedades de provável origem mongol que habitava a porção oriental das estepes eurasiáticas, tinham relações mais complexas com os chineses, mas também com os yuezhis. Ainda que houvesse períodos de paz ou amizade, os xiongnus ameaçavam constantemente as fronteiras do norte da China, organizando rapinas e ataques rápidos e violentos contra os sedentários. Os xiongnus sedimentaram sua confederação por volta de 220 a.C., quando um chefe conhecido como Touman adotou o epíteto de

Chengli Gutu Chanyu, algo como "Magnífico Filho Celeste" (popularizado apenas como *Chanyu*); esse fato ocorreu na mesma época em que a dinastia Qin inaugurava o período imperial chinês sob o governo de Qin Shi Huang, prenunciando um embate direto que viria ocorrer entre os recém-nascidos Império da China e Confederação Xiongnu.

Imediatamente após criar o título de imperador chinês, Qin Shi Huang adotou duas medidas para lidar com os xiongnus. No campo da diplomacia, passou a enviar grandes quantidades de seda para Touman, que usava esse material para adornar casacões de pele e forrar roupas acolchoadas, visto que a seda era extremamente leve e eficaz no isolamento térmico – algo fundamental durante os gélidos invernos da estepe. Já no campo da guerra, Qin Shi Huang ordenou que antigas fortificações do período Zhou fossem convertidas em um sistema defensivo, dando origem, assim, à famosa Grande Muralha, que tinha por objetivo separar o mundo sedentário chinês, considerado civilizado, do mundo nômade xiongnu, considerado bárbaro. Outra estratégia militar desse imperador da China foi a de expandir sua cavalaria, certamente visando usar os métodos de combate nômades contra os próprios nômades. Para tanto, ele intensificou o comércio com os yuezhis, a confederação nomádica mais amigável, trocando seda por cavalos. Esse comércio entre Qin Shi Huang e os yuezhis se tornou tão esquematizado e importante que um comerciante nômade conhecido como Wuzhi Luo chegou a receber do imperador chinês o título de *Jun*, equivalente a "príncipe" ou "lorde", e um convite para participar de encontros ministeriais na corte. Luo adquiriu tanta seda chinesa que foi capaz de operar um segundo comércio: repassar o tecido para outros chefes nômades em troca de mais cavalos e, consequentemente, multiplicar suas trocas com a China.

Grosso modo, poderíamos dizer que isso foi uma espécie de início da (ou de uma) Rota da Seda. A relação entre chineses, xiongnus e yuezhis foi responsável por espalhar enormes quantidades de seda pelas estepes da Ásia Central e, ao mesmo tempo, tornar esse produto cada vez mais requisitado entre os chefes nômades que compunham as grandes confederações do século III a.C. Do lado chinês, a lucrativa produção de seda permitiu a formação de um grande contingente de cavalaria.

Em 215 a.C., o imperador considerou que estava suficientemente bem armado para enviar seu general, Meng Tian, em uma campanha contra os xiongnus, que acabaram derrotados e foram obrigados a se afastar das fronteiras chinesas, retrocedendo para o interior da Mongólia.

Alguns anos depois, em 209 a.C., o filho de Touman, Modu, se tornou *Chanyu* e iniciou um processo de fortalecimento dos xiongnus, conquistando para si e seu povo o poder sobre mais sociedades nômades das estepes e adotando várias estratégias governativas dos chineses, por exemplo, o emprego de embaixadas diplomáticas, o uso de certas vestimentas como forma de distinção social e política e titulaturas semelhantes àquelas empregadas pela corte chinesa. Em 207 a.C., quando a dinastia Qin foi derrubada e a China entrou no período turbulento que precedeu o fortalecimento da nova dinastia, a Han, Modu Chanyu viu, nesse momento caótico, a oportunidade que esperava para expandir o poder dos xiongnus atacando os yuezhis e passando a controlar a valiosa rede comercial que havia sido estabelecida em torno da seda. Tempos depois, os xiongnus se tornariam os mais formidáveis inimigos da dinastia Han do Império Chinês.

A CHINA DURANTE A DINASTIA HAN

O período Han, que vai de 202 a.C. a 220 d.C., é considerado um dos "estágios de ouro" da história da China. Durante esses quatro séculos, o Império Chinês atingiu uma extensão territorial e um crescimento econômico inéditos até então. Isso foi possível graças ao papel unificador exercido pelas instituições imperiais, que foram capazes de apaziguar conflitos civis a partir de um processo de centralização e aumento do poder do imperador – processo que possibilitou maior investimento em ciências e infraestrutura material e política. A burocracia imperial se tornou mais complexa, cargos políticos foram criados, a logística militar foi reorganizada e novas zonas administrativas, como os Protetorados, foram criadas. Tecnologias e ciências, como a fabricação de papel, a matemática, a hidráulica e técnicas náuticas, foram desenvolvidas. A doutrina conhecida como confucionismo ganhou espaço na sociedade e na educação, que era considerada muito importante na China; o *Taixue*, ou "Academia Imperial", por exemplo, era uma espécie de universidade criada e financiada pela corte Han e, daí em diante, o confucionismo ganhou um papel não apenas religioso, mas também civil, ordenando a sociedade e ajudando a moldar valores comunitários, políticos e familiares.

Em termos sociais, a China Han era estratificada: havia 20 estratos sociais diferentes, conhecidos como *ershi gongcheng*, os "20 estratos públicos". No topo dessa sociedade, estava o imperador e seu regente ou mãe (ocupante do posto de Imperatriz Viúva, ou *huangtaihou*), seguidos pelos nobres que comandavam províncias (os "reis", ou *wang*), pelos nobres que possuíam grandes lotes de terra com vassalos (os "marqueses", ou *hou*) e pelos nobres menores (grupos variados que não possuíam chefaturas territoriais consideráveis), seguidos das profissões de prestígio. Quanto mais alto estivessem no estrato público, mais privilégios, terras e pensões imperiais os sujeitos teriam. Todos os grupos sociais da China, do imperador ao fazendeiro, estavam localizados em um dos *ershi gongcheng*, com exceção das pessoas escravizadas – que eram obtidas a partir de punições judiciais ou guerras. A maior parte das pessoas escravizadas trabalhava na terra ou em casas de alto estrato, mas é importante notar que a escravidão na China Han era relativamente limitada, e pessoas de alto posto social poderiam ter entre 30 e 200 pessoas escravizadas, a depender de seu estrato público. A preocupação em evidenciar a estratificação social pode ser percebida pelas roupas, visto que diferentes estratos sociais tinham acesso controlado a estilos distintos de vestimentas e materiais (como a seda, para os considerados mais importantes). Diferentes profissões, como fazendeiros, artesãos, médicos e açougueiros, possuíam certo nível de prestígio.

No campo da economia, a China Han usava moedas de bronze cunhadas majoritariamente por um órgão conhecido como *Shuiheng duwei*, ou "Secretaria das Águas e Medidas", ou pelo Ministério da Fazenda (*Da Sinong*, "grande escritório da agricultura"), a depender do período específico. Havia, nessa época, um intenso comércio local e "internacional". O governo imperial sistematicamente cobrava impostos, pagos tanto em materiais agrícolas (pelos proprietários de terra) quanto em moeda (pelo resto da sociedade, especialmente os mercadores mais ricos). O governo também exercia o monopólio sobre certas produções, como sal, ferro e seda – apesar disso, o controle estatal não era absoluto e investidores ricos poderiam, com autorização imperial, se aventurar nessas áreas. A historiografia entende que o controle governamental de moedas e de certas produções, a cobrança de impostos variados e ajustados para diferentes estratos públicos, o investimento em infraestrutura e o pujante comércio do período contribuíram para um aumento significativo da população, o que por sua vez fez crescer o volume de impostos e a quantidade de trabalhadores, gerando ciclos produtivos e de crescimento econômico – o que não impediu momentos de inflação ou depressão monetária, embora o governo imperial procurasse constantemente desenvolver estratégias para a superação desses obstáculos.

No campo da vida privada, as famílias eram patrilineares e unidas, com um grande número de pessoas dividindo o mesmo teto. Núcleos familiares eram importantes na China Han, não apenas por influência de doutrinas confucionistas (que valorizavam a ordem familiar), mas também porque foi nesse período que o governo imperial inaugurou os censos populacionais em que os eixos dinásticos eram fundamentais para a contagem de habitantes, para o levantamento de bens e posses de cada família e, consequentemente, para a cobrança de impostos (elemento essencial da economia chinesa). Em suma, a China Han era uma sociedade altamente complexa, capaz de fazer importantes investimentos em ciência e infraestrutura (como construções públicas e trabalhos hidráulicos que visavam ao aumento da produtividade agrícola); com uma economia forte, baseada na terra, no câmbio estável, no comércio e na taxação; com uma arrojada burocracia imperial, que contribuía para a força e a centralização do governo; com um corpo social diverso e estratificado, marcado pelo confucionismo como doutrina de manutenção coletiva; e com uma ênfase na educação e na formação de oficiais e trabalhadores especializados. Juntas, todas essas características fizeram do período Han um momento fundamental da trajetória histórica chinesa, e da China um dos mais prósperos e sofisticados Estados da Antiguidade (que rivalizava com o Império Romano).

(Fonte: baseado em GELBER, Henry. *O dragão e os demônios estrangeiros*: a China e o mundo de 1100 a.C. aos dias atuais. Rio de Janeiro: Record, 2012, pp. 43-61.)

Agora, com a balança pendendo para o lado dos nômades, os chineses viram a abundância de cavalos que havia marcado a década anterior se esvaecer. Sem o auxílio dos yuezhis, a entrada desses animais na China dependia da boa vontade do Chanyu. Desprovidos das mesmas capacidades militares da época de Qin Shi Huang, os chineses tinham como única opção buscar uma solução diplomática, oferecendo algo que apaziguasse os ânimos dos xiongnus, que, naquele momento, se mostravam seus maiores rivais. Assim, princesas da corte Han começaram a ser enviadas para os territórios nômades com o objetivo de se tornarem esposas do Chanyu. Elas chegavam às estepes acompanhadas de um rico dote de grãos e seda e, certamente, imbuídas da missão de gerar um Chanyu que, sendo filho de uma chinesa han, pudesse amainar a hostilidade dispensada ao Império.

A prática de casamentos arranjados, chamada de *Heqin*, se não produziu um líder nômade que fosse meio xiongnu e meio han, ao menos serviu para garantir seis décadas de relativa paz. Nesse meio-tempo, os imperadores chineses puderam se reorganizar política e economicamente e garantir que a dinastia Han estivesse devidamente assegurada no poder.

Em 141 a.C., sobe ao trono imperial um homem chamado Liu Che, que adota o nome Wu de Han. Wu teria um dos governos mais longos da história da China, de 141 a.C. a 87 a.C. Nesses 54 anos de comando, provou ser um líder capaz e eficiente. Logo no início de seu governo, enfrentou uma forte oposição da nobreza chinesa, liderada pela sua própria avó, a Grande Imperatriz Viúva Xiao Wen (também conhecida como Dou). Contudo, após a morte da avó, Wu conseguiu se sobrepor à facção opositora. Disposto a reformar o Império Chinês, Wu optou por uma política externa mais agressiva. Começou com pequenas campanhas no Norte contra os xiongnus que, em 133 a.C., desembocaram em uma verdadeira guerra, conhecida como a Guerra Han-Xiongnu. O conflito terminaria somente em 89 a.C., com a derrota dos nômades pelos chineses.

Antes do início desse grande conflito, porém, Wu já ambicionava não apenas se livrar do perigo xiongnu e da prática considerada humilhante do *Heqin*, como também dominar regiões ocidentais e reabilitar o lucrativo comércio de seda dos tempos de Qin Shi Huang e Wuzhi Luo, tal como era mais de 70 anos antes. Para concretizar seus planos, avaliou ser preciso restabelecer o contato com os yuezhis. Isso não seria nada fácil porque, desde os anos 170 a.C., ataques xiongnus haviam feito com que os yuezhis se dividissem em dois grandes grupos migratórios: o *Da Yuezhi*, ou "Grande Yuezhi", que seguiu na direção do vale de Ili, na divisa entre a atual China e o Cazaquistão, e o *Xiao Yuezhi*, ou "Pequeno Yuezhi", que seguiu para o sudoeste em direção ao planalto tibetano. Portanto, entre esses dois grupos e os chineses estavam os poderosos xiongnus. Qualquer emissário que decidisse empreender uma jornada diplomática para contatar os yuezhis estaria atravessando território potencialmente hostil. Além disso, os yuezhis agora habitavam regiões que o Império Chinês simplesmente não conhecia. Assim, partir nesta embaixada significava também se lançar ao desconhecido, atravessar terras misteriosas habitadas por povos que, aos olhos chineses, muito provavelmente não passariam de bárbaros. Por conta desses riscos, a adesão à jornada ao oeste foi considerada de cunho voluntário. Nenhum ministro ou general aceitou o chamado, mas um baixo oficial o fez. Seu nome era Zhang Qian. Fosse por ambição política ou por genuína crença nos desígnios de Wu, Zhang Qian partiu para as terras ocidentais em 138 a.C. Zhang Qian saiu da capital chinesa de Chang'an acompanhado de aproximadamente 100 soldados e seguidores, incluindo Ganfu, um homem nativo das estepes e a única pessoa da comitiva que retornaria ao Império, junto a Zhang Qian, muitos anos depois.

Logo no início da aventura, a maior ameaça se concretizou: a missão chinesa foi capturada pelos xiongnus. Zhang Qian e Ganfu foram levados diante do Chanyu que, ao saber o objetivo dos detidos, não apenas recusou a passagem de Zhang Qian como também o aprisionou no acampamento nômade. Lá, o emissário chinês permaneceria por mais de uma década. Nesse longo tempo, ele recebeu uma esposa, teve um filho, aprendeu sobre os modos de vida e sobre os territórios dos xiongnus, mas jamais abandonou as insígnias imperiais que o marcavam como um diplomata de Wu de Han, indicando que tinha toda a intenção de completar a missão que lhe fora dada. E foi justamente com esse espírito que, num momento de baixa guarda de seus captores, ele conseguiu fugir acompanhado de sua nova família nômade e de Ganfu.

O grupo se deslocou na direção oeste por um mês até finalmente chegar à região de Dayuan, no atual Uzbequistão. Dayuan era um reino fundado no século IV a.C. após as incursões militares de Alexandre, o Grande, no leste. Além das vitórias bélicas, essas campanhas também tiveram o efeito de criar sociedades a partir de soldados e oficiais gregos e macedônicos que lideraram assentamentos naqueles locais. Dayuan, portanto, pode ser entendida como uma sociedade greco-iraniana (conhecida hoje como "greco-báctria"), fruto da interação entre as hostes de Alexandre e os habitantes nativos. Seu governante já ouvira a respeito dos governantes da dinastia Han e, de acordo com fontes chinesas, desejava há muito tempo estabelecer relações comerciais com a China. Ambicionando vantagens futuras, ele permitiu que Zhang Qian e Ganfu seguissem viagem, fornecendo-lhes inclusive guias e intérpretes que os levaram até a região de Kangju, também no atual Uzbequistão, onde habitava um povo conhecido como sogdiano – que, como veremos mais adiante, também seria fundamental na história da Rota da Seda.

Após uma rápida passagem por Kangju, Zhang Qian finalmente chegou às terras do Grande Yuezhi, entre os atuais Tajiquistão e

Afeganistão. Porém, as coisas não saíram conforme os planos: pouco tempo antes da chegada do emissário chinês, os xiongnus haviam atacado os yuezhis, matado seu líder e transformado seu crânio em uma taça – um costume usual entre a nobreza nômade. Diante dessa humilhação, o novo líder yuezhi não tinha qualquer intenção de entrar em conflito com seus algozes nem de se aproximar dos chineses. A região onde ele e seu povo agora habitavam, conhecida como Báctria, era fértil e tranquila; não havia interesse em estabelecer contato com uma terra distante como a China. Zhang Qian, um diplomata fervoroso, passou um ano inteiro na corte yuezhi tentando fazer seu governante mudar de ideia, mas não obteve qualquer sucesso. A missão, iniciada mais de uma década atrás, foi considerada finalmente encerrada, e Zhang Qian decidiu voltar, de mãos vazias, para o Império Chinês.

Mapa indicando alguns dos locais visitados por Zhang Qian

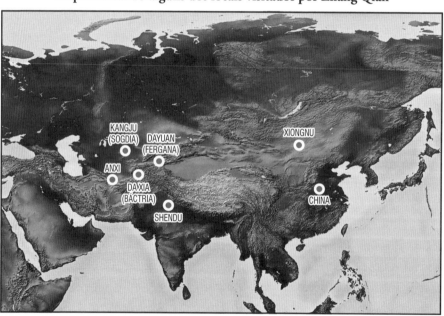

Contudo, no trajeto de volta, a comitiva chinesa foi capturada pelos xiongnus novamente. Mas dessa vez Zhang Qian teve mais sorte, porque, pouco tempo depois desse infortúnio, o Chanyu morreu e o caos na escolha de seu sucessor facilitou a fuga do diplomata, de sua esposa e de seu companheiro Ganfu. Ao chegarem à corte chinesa, Zhang Qian e Ganfu foram agraciados pelo imperador Wu com títulos e honrarias. Os relatos de sua jornada foram ouvidos com atenção: Zhang Qian, afinal, era um oficial em uma missão, e embora não tenha fechado um acordo com os yuezhis, coletou muitas informações relevantes. Ele contou para o imperador sobre as terras férteis a oeste, sobre os grandes e belos reinos que conheceu e, acima de tudo, sobre os produtos exóticos que vira os dayuans, os kangjus e os yuezhis comercializarem. Tudo isso se mostrou um grande atrativo para o renascimento do mercado da seda que a dinastia Qin havia iniciado.

Com base nas informações trazidas por Zhang Qian, Wu de Han decidiu enviá-lo novamente em uma missão diplomática. Dessa vez, o oficial chinês deveria buscar uma forma de estabelecer uma rota segura até Da Xia, isto é, a região da Báctria onde o Grande Yuezhi estava localizado. Zhang Qian partiu com um contingente relativamente maior do que aquele da primeira aventura, mas ainda assim diferentes grupos nômades, conhecidos como di, zuo, sui e kunming, conseguiram interromper o avanço chinês e assassinar a maioria dos emissários han. Zhang Qian mais uma vez conseguiu escapar e retornar à China, onde se tornou comandante do exército responsável por acompanhar generais em campanhas militares contra os xiongnus – uma vez que seu conhecimento acerca desses nômades era tido como imprescindível nessas expedições. A primeira delas ocorreu em 123 a.C., sob o comando do general Wei Qing. A segunda ocorreu no ano seguinte, sob o comando do general Li Guang. Durante a investida de Li Guang, contudo, Zhang Qian se atrasou para encontrar as forças militares han e, como punição, foi sentenciado à morte, mas conseguiu reverter a situação, e transformar sua pena em multa e retirada de todos os seus títulos de nobreza. Esse infortúnio poderia ter sido a desgraça de Zhang Qian, mas ele seguiu firme como informante do imperador Wu de Han a respeito dos povos do oeste.

Zhang Qian contou que, durante seu tempo no cativeiro xiongnu, ouviu falar sobre um povo chamado wusun. Os wusuns eram vassalos dos xiongnus, mas haviam recentemente quebrado essa relação e, agora, operavam de forma independente, liderados pelo carismático Kunmo. Zhang Qian sugeriu que uma aliança com os wusuns seria a única maneira de efetivamente abrir uma rota comercial para Da Xia e entrar em contato com os reinos ocidentais. Wu não apenas concordou com essa proposição como também concedeu novos títulos ao diplomata e, imediatamente, o enviou para sua terceira missão: dessa vez, Zhang Qian deveria ir até os wusuns para convencer Kunmo a jurar amizade e fidelidade ao imperador de Han. Ele partiu em 119 a.C. com uma comitiva de 300 homens, 600 cavalos, milhares de ovelhas e vacas, além de uma enorme quantidade de seda para ofertar como presente diplomático não só para Kunmo, mas também para outros eventuais governantes que fossem encontrados pelo caminho, considerados interessantes para selar acordos de amizade com a China.

Dessa vez, sem qualquer interferência dos nômades, os chineses chegam até a corte de Kunmo, que aceitou os presentes e jurou obediência ao imperador de Han. Contudo, essa obediência não podia ser materializada em qualquer ação prática porque, naquele momento, os wusuns estavam divididos em três diferentes facções que disputavam pela sucessão de Kunmo, já com idade avançada. Acostumado com adversidades diplomáticas, Zhang Qian aproveitou a oportunidade para enviar emissários a todas as cortes da região: para além dos já conhecidos Dayuan, Kangju e Da Xia, eles também foram para Anxi, no leste do atual Irã, e para Shendu, no norte da Índia. Com diplomatas han espalhados pelos principais reinos das terras ocidentais, Zhang Qian esperava que ao menos alguns acordos pudessem ser fechados e honrados. Decidiu então retornar à China acompanhado de algumas dezenas de representantes wusuns que desejavam conhecer o grande domínio dos Han. Conforme fontes documentais chinesas, novamente, Zhang Qian foi recebido por Wu com grande interesse. O imperador dessa vez lhe concedeu o título de *Da Xing*, ou "Grande Mensageiro", uma honraria que alçava Zhang Qian como um dos *Jiu Qing*, ou "Nove Ministros", o mais alto escalão da corte de Wu. Após mais de 20 anos de dificuldades e perigos, esse era o grande sinal de que a missão de Zhang Qian estava, ao menos em parte, cumprida – e um ano depois, em 114 a.C. ou 113 a.C., o Grande Mensageiro morreu antes de testemunhar o retorno dos emissários que haviam sido despachados para o Irã (Anxi) e para a Índia (Shendu). Eles regressam para a corte de Wu em 112 a.C. ou 111 a.C., acompanhados de intérpretes e embaixadores dos reinos que haviam visitado. Esses foram, finalmente, os primeiros contatos formais dos processos de trocas que Wu e Zhang Qian tanto ambicionavam.

As aventuras de Zhang Qian deixaram marcas na História oficial da China. Pouco depois de sua morte, ele já era reconhecido entre os contemporâneos como o responsável pela abertura de um importante canal de comunicação entre os han e os habitantes das terras a oeste, e seu nome passou a ser evocado sempre que emissários chineses viajavam para o Ocidente. Sua reputação entre os reinos da Ásia Central era tanta que se dizia que, ao ouvirem a menção de seu nome, governantes e diplomatas locais recebiam os enviados imperiais de braços abertos. Sima Qian, o famoso historiador da dinastia Han, que nasceu por volta de 140 a.C., relatou que os Estados estrangeiros respeitavam a China graças aos grandes esforços de Zhang Qian, considerado o grande arquiteto dos fundamentos da nova Rota da Seda.

O HISTORIADOR SIMA QIAN FALA SOBRE AS MISSÕES DE ZHANG QIAN

"Os enviados de Wusun, tendo visto como os han eram ricos e populosos, retornaram e relataram o que haviam aprendido ao seu próprio povo, e depois disso os wusuns passaram a considerar os han com o maior respeito. Cerca de um ano depois, os enviados que Zhang Qian mandara para Da Xia e outros Estados do oeste retornaram, acompanhados por enviados desses Estados, e pela primeira vez foram estabelecidas relações entre as terras do noroeste e os han. Foi Zhang Qian, no entanto, quem abriu o caminho para esse movimento, e todos os enviados que viajaram para as terras em tempos posteriores confiaram em sua reputação para serem ouvidos. Como resultado de seus esforços, os Estados estrangeiros confiaram nos enviados de Han."

(Fonte: SIMA QIAN. *Records of the Grand Historian:* Han Dynasty II. Trad. Burton Watson. New York: Columbia University Press, 1993, p. 240.)

Apesar do resultado de suas aventuras, é importante lembrar que Zhang Qian não agiu "sozinho": ainda que algumas de suas viagens tenham sido bastante solitárias e muitos desígnios imperiais estivessem sobre seus ombros, o diplomata chinês representava um movimento maior da história da China. Sua missão ao Ocidente estava inserida, como vimos, em uma lógica política e econômica chinesa que buscava não apenas submeter seus inimigos nômades como também abrir novos mercados, novas rotas para a vazão de produtos, para o enriquecimento dos cofres públicos e, acima de tudo, expandir a autoridade imperial por novos espaços. Por certo, a natureza da expansão geográfica a oeste era difícil, complicada e demandava resiliência; as primeiras viagens e expedições chinesas eram realizadas por poucas pessoas e a documentação do período retrata somente os grandes protagonistas dessas viagens. Enfim, se indivíduos específicos levaram a cabo o grande trabalho de abertura dos caminhos, seu esforço estava plenamente inserido no contexto mais amplo do Império Chinês.

Isso posto, continuemos. Com o caminho aberto, Wu de Han, o imperador que patrocinara as viagens de Zhang Qian, tinha um novo desafio: proteger a estrada que seguia para o oeste e, com isso, garantir que o comércio pudesse ser operado de forma segura. Essa estrada saía da capital chinesa de Chang'an e seguia até as proximidades da cidade-oásis de Dunhuang, na atual província de Gansu. Esse longo trajeto ficou conhecido como *Hexi Zoulang*, ou "Corredor Hexi", uma longa faixa de terra relativamente plana flanqueada pela cordilheira de Qilian ao sul e pelos desertos da Mongólia ao norte. Como dito, esse caminho estreito levava até Dunhuang, e seu limite era marcado por uma passagem chamada *Yumen Guan*, ou "Passagem fronteiriça do Portão de Jade". Indo além do Portão de Jade, as rotas poderiam seguir algumas direções diferentes, o que indicava que o Corredor Hexi fosse talvez o trecho mais importante da Rota da Seda para os chineses, por isso Wu estendeu a Grande Muralha até esse ponto. Contudo, ficou claro que apenas a Muralha não era suficiente para proteger o Corredor da ameaça de nômades vindos do Norte. Assim, guarnições foram estabelecidas ao longo da fortificação para garantir vigilância constante. Soldados e suas famílias foram enviados para essas guarnições, com o objetivo tanto de proteger a Muralha e os viajantes quanto de povoar os oásis do Corredor Hexi e torná-los mais sustentáveis.

**Corredor Hexi, região que conectava
o Império Chinês aos espaços mais ocidentais**

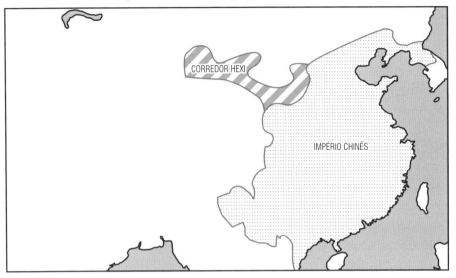

Em pouco tempo, assentamentos de soldados chineses começaram a se espalhar para além do Portão de Jade, indo em direção aos oásis do deserto do Taklamakan. Esse espalhamento de soldados significou também o espalhamento do idioma chinês, além das técnicas imperiais de agricultura e irrigação. A combinação entre tecnologia e hegemonia cultural fez as cidades desérticas, ou cidades-oásis, prosperarem, o que significou também um maior volume de caravanas indo e vindo, trazendo jade e levando seda para toda a Ásia Central.

AS CIDADES-OÁSIS DA ÁSIA CENTRAL

As terras férteis ao norte e ao sul do deserto do Taklamakan foram o local de origem das chamadas "cidades-oásis", espaços urbanos marcados por duas atividades principais: agricultura e comércio, realizado em animados bazares. Essas cidades – muitas das quais existem até hoje – eram geralmente muradas e centradas ao redor de uma fortaleza ou um palácio. O clima árido da região fazia com que essas cidades fossem esparsadas, não necessariamente populosas e geograficamente isoladas ou limitadas, mas isso não impedia que exercessem controle e influência sobre rotas locais, visto que eram pontos de parada obrigatórios para o reabastecimento de caravanas. A combinação de isolamento geográfico e de passagem para caravanas criava um ambiente cosmopolita e propício ao comércio: as cidades-oásis eram ricas em bazares de tecidos, tapetes, metais e pedras preciosas, como jade nefrita. Para abastecer as caravanas, no comércio local, produtos alimentícios (como frutas e cereais) e, acima de tudo, água potável, eram mercadorias tão importantes quando a seda.

(Fonte: baseado em BARISITZ, Stephan. *Central Asia and the Silk Road*. Viena: Springer, 2017, p. 17.)

A Rota da Seda, nascida dos interesses comerciais e das ambições políticas de Wu de Han, logo se transformaria numa "entidade própria". Mesmo que tenha sido pensada como uma rota imperial que asseguraria à China o controle das regiões ocidentais, o cosmopolitismo das cidades-oásis que a cercavam, bem como a pujança trazida pelo comércio intenso, acabou criando uma lógica social muito particular nas regiões pelas quais ela atravessava. Como essas cidades-oásis estavam em pontos estratégicos do trânsito na Ásia Central, caravanas vindas de todos os lugares, desde a China até o Irã, passavam necessariamente por elas. Idiomas, religiões, hábitos, culturas e produtos de toda sorte circulavam pelo deserto, e podemos dizer que tamanha efervescência fez com que a Rota da Seda deixasse de ser apenas um trajeto chinês e se transformasse em uma verdadeira região localizada no coração da Ásia Central. Assim, a pluralidade seria a tônica da Rota da Seda nos séculos seguintes, como veremos mais adiante.

POLÊMICAS HISTORIOGRÁFICAS EM TORNO DO CONCEITO DE ROTA DA SEDA

Podemos dizer que a ideia de "Rota da Seda" é um fenômeno da historiografia moderna. Nenhum documento anterior ao século XIX falará de uma "Rota da Seda" ou identificará um caminho regular de comércio entre a China e as cidades da Ásia Central. Isso significa que, na prática, a Rota da Seda não existiu? Não necessariamente. Significa, na verdade, que o termo é um conceito, uma ferramenta analítica, que usamos para compreender melhor as dinâmicas humanas, isto é, as conexões comerciais e as movimentações populacionais (bem como suas ramificações e consequências) em um espaço mais ou menos coeso e delimitado. Como explica a historiadora Susan Whitfield: o primeiro a usar o termo "Rota da Seda" em um texto publicado foi o eminente geógrafo Ferdinand von Richthofen (1833-1905) em 1877, mas foi só no século XX que o termo ganhou ampla aceitação. Contudo, por conta da atualidade do termo, muitos historiadores o rejeitam, mas Susan Whitfield defende seu uso:

> Neste estágio muito preliminar de nosso conhecimento do comércio Afro-Eurasiano, eu argumentaria que não precisamos [...] rejeitar um termo conveniente e bem conhecido, mas nos concentrar em entender melhor as rotas comerciais [dessa região] (Whitfield, 2007: 213).

(Fonte: baseado em WHITFIELD, Susan. "Was there a Silk Road?" *Asian Medicine*, v. 3, 2007, pp. 201-213.)

Sugestões de leitura

BUENO, André (org.). *Mundos em movimento*: Extremo Oriente. Rio de Janeiro: Projeto Orientalismo, 2021.
    Coletânea de textos de vários autores, que fornece uma visão panorâmica e acessível acerca de diferentes aspectos da história da China (entre outros espaços).

GELBER, Henry. *O dragão e os demônios estrangeiros*: a China e o mundo de 1100 a.C. aos dias atuais. Rio de Janeiro: Record, 2012.
    Manual de referência para a história da China. Cada capítulo cobre diferentes períodos chineses, indo desde a formação imperial até momentos mais contemporâneos.

LIU, Xinru. *The Silk Road in World History*. Oxford: Oxford University Press, 2010.
    Obra introdutória sobre a Rota da Seda em um contexto global, considerando seus impactos em diferentes espaços da Afro-Eurásia.

UNZER, Emiliano. *História da Ásia*. Amazon Digital Services LLC, 2019.
    Manual de referência de História da Ásia elaborado no Brasil. Versa não apenas sobre a China, mas também sobre diversos outros espaços asiáticos.

Na Antiguidade

A Rota da Seda, em seu sentido mais estrito – isto é, como um trajeto controlado comercialmente pela dinastia Han sintetizado no Corredor Hexi –, durou pouco tempo. Pouco mais de duzentos anos depois das viagens de Zhang Qian, os chineses haviam perdido muito de sua autoridade nas regiões ocidentais, o que invariavelmente afetou o posicionamento "internacional" do Império. Contudo, ao mesmo tempo que a China se retraía, o mundo da Rota da Seda florescia: a diminuição do protagonismo chinês não interrompeu os contatos ou o comércio na Ásia Central – pelo contrário, a Rota da Seda efetivamente floresceu quando deixou de ser uma espécie de monopólio chinês e se tornou uma rede muito mais ampla de ligação de curta, média e longa distância.

O DECLÍNIO DE UMA ROTA É O INÍCIO DE MUITAS

Podemos dizer que o Império Chinês foi vítima de seu próprio sucesso. Após o estabelecimento do Corredor Hexi e a expansão da Muralha da China, o envio de seda para o oeste passou a garantir um influxo de cavalos cada vez maior, aumentando o contingente militar de Wu (que continuava a ser o imperador), e transformando esses animais em verdadeiros símbolos de poder e autoridade. A ambição chinesa por cavalos da Ásia Central era tanta que entre cinco e dez embaixadas anuais eram enviadas para o Ocidente apenas para trazer montarias. Dentre os cavalos do oeste, os mais cobiçados eram os vindos de Dayuan, conhecidos como "cavalos que suam sangue", descendentes dos chamados "cavalos celestiais". Para os chineses, os "cavalos celestiais" originários de Dayuan eram não apenas animais superiores em força, tamanho e resistência, mas também seres espirituais revelados ao imperador Wu por meio do famoso *I Ching*, o "Livro das Mutações", um clássico herdado do período Zhou – isto é, da ancestral China pré-imperial.

OS "CAVALOS CELESTIAIS" DESCRITOS
PELO HISTORIADOR DA CORTE DE HAN, SIMA QIAN

Sima Qian, nascido em 145 a.C. e morto em 86 a.C., é considerado o primeiro grande historiador do Império Chinês e o "pai" da historiografia chinesa, ocupando um papel tão importante quanto o de Heródoto para a tradição historiográfica grega. Na corte Han, Sima Qian exercia o cargo de *Taishi*, "Grande Historiador", o que lhe concedia enorme privilégio político e social – apesar disso, sua vida foi marcada também por momentos de indisposição com o governo imperial, o que lhe garantiu punições, entre as quais a castração. Sua grande obra, o *Taishigong Shu* (Registros do Senhor Grande Historiador), conhecida também por *Shiji* (Notas Históricas), é paradigmática do pensamento histórico chinês.

[...] O imperador havia adivinhado pelo "Livro das Mutações" e sido informado de que "cavalos divinos devem aparecer do noroeste". Quando os wusuns vieram com seus cavalos, que eram de uma raça excelente, ele os chamou de "cavalos celestiais". Mais tarde, porém, ele obteve os "cavalos que suam sangue" de Dayuan, que eram ainda mais resistentes. O imperador, portanto, mudou o nome dos cavalos wusuns, chamando-os de "cavalos da extremidade ocidental", e usou o nome de "cavalos celestiais" para os cavalos vindos de Dayuan.

(Fonte: baseado em SIMA QIAN. *Records of the Grand Historian:* Han Dynasty II. Trad. Burton Watson. New York: Columbia University Press, 1993, p. 240.)

Em 106 a.C. ou 105 a.C., o imperador Wu enviou uma comitiva até Dayuan solicitando esses animais e oferecendo em troca de mil moedas de ouro e uma estatueta de um cavalo dourado. Já acostumado com produtos de luxo vindos da China e considerando a oferta pouco significativa, o governante local recebeu com desdém os diplomatas han e se recusou a entregar-lhes sequer um de seus preciosos cavalos. Os diplomatas, frustrados, destruíram a estatueta que eles mesmos haviam trazido e se retiraram a caminho da China. Os nobres de Dayuan resolveram então executá-los. Tal ação não ficaria impune, e em 104 a.C. Wu enviou o general Li Guangli, acompanhado de uma força militar considerável, para atacar Dayuan. A campanha, contudo, começou mal: as cidades-oásis no trajeto se recusaram a prover mantimentos para os han e muitos soldados morreram pelo caminho. A primeira cidade de Dayuan a ser atacada, Lucheng, conseguiu não apenas resistir, mas também derrotar os chineses. Li Guangli então recuou com o que restou de suas forças para Dunhuang, frustrando os planos do imperador. Apesar do fracasso, Wu avaliou que o destino da política internacional da China dependia da submissão de Dayuan, e em 102 a.C. enviou um imenso destacamento militar para reforçar o que sobrara do exército de Li. Dessa vez, os han obtiveram a vitória desejada e voltaram com 3 mil cavalos para a China, contingente de animais que seria usado para reforçar a cavalaria imperial, tão importante para a máquina de guerra chinesa contra os nômades. Esse evento, conhecido como a Guerra dos Cavalos Celestiais, sedimentou a autoridade e o poder da China sobre as porções mais orientais da Ásia Central.

Restava apenas um entrave para o domínio completo chinês da Rota da Seda: os xiongnus, os maiores rivais do Império. Pelos próximos anos, os han e os xiongnus travaram combates eventuais, até que, em 72 a.C., uma força combinada de chineses e de combatentes de Wusun infligiu uma grande derrota aos nômades xiongnus que, a partir desse momento, entrariam em constante declínio e, em 53 a.C., aceitariam se tornar tributários da China. Depois disso, a autoridade imperial se fortaleceu de tal maneira sobre a Rota da Seda e suas adjacências que, por volta desse mesmo período, se criou o *Xiyu Duhu Fu*, ou "Protetorado das Regiões Ocidentais", uma unidade administrativa do Império Chinês que teria a função principal de assegurar a integridade das fronteiras e suprir quaisquer necessidades militares que surgissem em espaços mais distantes da corte e, por consequência, mais próximos de sociedades inimigas. Esse Protetorado se estendia do Portão de Jade, nas proximidades de Dunhuang, por toda a bacia do Tarim – o que significa, basicamente, que agora a China possuía controle direto sobre o deserto de Taklamakan, por onde as cidades-oásis da Rota da Seda estavam espalhadas. Então, na metade do século I a.C., o Império Chinês ocupava boa parte do leste asiático, enquanto o Corredor Hexi estendia esse domínio territorial em direção ao oeste. Para administrar esse Protetorado, foi criado o suntuoso e importante cargo de *Duhu*, ou "General Protetor" das Regiões Ocidentais.

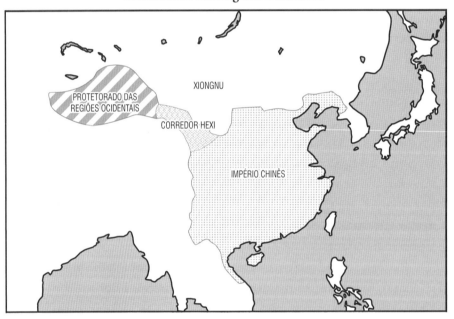

Protetorado das Regiões Ocidentais

Entre 50 a.C. e 9 d.C., a Rota da Seda chinesa viveu seu auge. Os xiongnus estavam relativamente controlados, a passagem do Corredor Hexi estava assegurada, e os oásis do Taklamakan estavam pacificados e bem administrados, sob os olhos atentos dos vários generais que ocuparam o cargo de *Duhu*. Contudo, esse sucesso não veio sem custo: assim como fora dispendioso ocupar, irrigar e vigiar o Corredor Hexi durante o governo de Wu de Han, também o era para conseguir manter o Protetorado. Os ganhos advindos da Rota da Seda, claro, eram imprescindíveis, mas a logística demandada não era simples, e quando o trono Han passou por uma perigosa crise sucessória entre 9 d.C. e 23 d.C., o custo e a complexidade da proteção da Rota da Seda se tornaram evidentes.

Em 9 d.C., um nobre chamado Wang Mang usurpou para si o posto de imperador, declarou a dinastia Han abolida e afirmou que, com ele, se iniciava o período da dinastia Xin. Imediatamente, os xiongnus aproveitaram a oportunidade para atacar os chineses, e as necessárias medidas protetivas adotadas pelo governo começaram a drenar os cofres imperiais. Para piorar a situação de Wang Mang, imediatamente após sua autocoroação, ocorreram enchentes no rio Amarelo e outros desastres naturais – o que, na tradição política chinesa, era um sinal de que o *Tianming*, isto é, o "Mandato Celeste" que conferia legitimidade ao imperador, estava sendo questionado pelas forças cósmicas. Finalmente, em 19 d.C., uma rebelião camponesa motivada por problemas econômicos eclodiu em uma guerra civil e as forças militares do Protetorado Ocidental precisaram ser realocadas, o que deixou o Taklamakan livre para que os xiongnus fizessem razias e incursões militares com o objetivo de saquear as riquezas da China. Em meio a essa instabilidade, Wang Mang foi morto em 23 d.C. e, nos próximos anos, a dinastia Han seria restaurada (no agora conhecido como período "Han Tardio" ou "Han Oriental").

Como consequência da insurreição liderada por Wang Mang, dos novos ataques xiongnus e das dificuldades de restabelecimento encontradas pelos governantes Han, o Protetorado das Regiões Ocidentais foi lançado à sua própria sorte: como a função de um protetorado era realizar a defesa militar das fronteiras e a rebelião de Wang Mang forçara o deslocamento dos exércitos para as regiões mais centrais da China, a presença bélica chinesa nas Regiões Ocidentais foi, para todos os efeitos, abandonada. Esse foi um problema maior para os chineses, que perdiam seu pulso firme sobre a Rota da Seda, do que para a Ásia Central em si, que seguia como eixo fundamental de comércio de média e longa distância pela Afro-Eurásia através de suas cidades-oásis.

AS CIDADES-OÁSIS, OS PRODUTOS
QUE CIRCULAVAM E AS CARAVANAS

As cidades-oásis da Ásia Central eram pontos fundamentais de comércio e de parada das caravanas que ligavam leste e oeste. Além de terem contato com os nômades das estepes e os viajantes vindos do Império Chinês, essas cidades recebiam caravanas de mercadores originárias de diferentes lugares, como as dos sogdianos.

Particularmente, as caravanas sogdianas eram compostas por grupos de homens guiados por um viajante experiente, intitulado *Sabao*. Elas usavam camelos como meio de transporte para as diversas mercadorias que comercializavam, tais como bens alimentícios (frutas, especiarias, cereais), metais e pedras preciosas (ouro, prata, jade nefrita), manufaturas (bandejas de cobre, porcelanas, cerâmicas, jarros de vidro) e, claro, seda crua, além de, por vezes, roupas de seda prontas e bordadas. Os mercadores sogdianos se vestiam com roupas de pele, algodão, eventualmente seda, e usavam chapéus pontudos. Observando pequenas esculturas chinesas, ficamos sabendo que essas comitivas podiam ser animadas por músicos, dançarinos e muito vinho.

Os produtos transportados pelas caravanas que faziam paradas nas cidades-oásis iam da China para as regiões do Irã e vice-versa. Do Irã também podiam seguir para regiões ainda mais ocidentais, como o mundo mediterrânico.

Normalmente, as caravanas contavam com uma dezena de membros, mas não era incomum haver pessoas viajando sozinhas ou em grupos menores pelas estradas da Ásia Central. Zhang Qian, o famoso diplomata chinês do período Han, por exemplo, fez a maior parte de suas viagens somente com dois companheiros. Alguns monges budistas de períodos posteriores vagavam pela região de forma solitária.

(Fonte: baseado em WHITFIELD, Susan. *Life along the Silk Road*. Oakland: University of California Press, 2015.)

Por sua grande importância para a economia da China, alguns anos após o restabelecimento da dinastia Han no poder, os imperadores buscaram reafirmar sua autoridade sobre as regiões a oeste. Em 73 d.C., o imperador Ming de Han enviou o general Dou Gu para combater os xiongnus, e conseguiu retomar o controle do Protetorado no ano seguinte. O custo material e humano desse domínio, contudo, permanecia grande demais e, entre 74 d.C. e 126 d.C., Generais Protetores como o próprio Dou Gu enfrentariam uma série de desafios militares e, inclusive, perderiam o controle das regiões ocidentais algumas vezes. Ao longo do século II d.C., com o paulatino enfraquecimento político dos Han, ficaria evidente a enorme dificuldade chinesa em controlar as regiões ocidentais por meio de um Protetorado.

Em termos gerais, porém, mesmo com o processo de derrocada da autoridade Han sobre a Rota da Seda após o interregno de Wang Mang, o comércio não parou nem o movimento de produtos diminuiu. Na verdade, a seda chinesa passaria a alcançar novos espaços e novos mercados e, em pouco tempo, seria requisitada até mesmo no Império Romano.

Esse crescimento da circulação de seda, mesmo com os problemas enfrentados pelo governo Han, pode ser observado através da ação de alguns personagens chineses. Um desses é Ban Chao, um historiador que ascendeu ao cargo de General Protetor e, como tal, dominou a bacia do Tarim em nome do Império Chinês. Sua carreira militar se inicia em 73 d.C. quando, como vimos, Ming de Han envia Dou Gu em uma campanha contra os xiongnus. Os documentos chineses da época afirmam que Ban Chao se destacava por sua coragem e brilhantismo no campo de batalha, e por isso Dou Gu o designa para as regiões ocidentais como guerreiro-diplomata. Com a relativa perda de controle do Império Chinês sobre a Ásia Central, oficiais chineses enviados para a região estavam, geralmente, abandonados à própria sorte. Assim, o cumprimento de qualquer missão era perigoso e dependia de uma boa coesão entre soldados e comandantes – nesse sentido, Ban Chao e suas forças eram, para todos os efeitos, a única estratégia imperial para tentar reafirmar a autoridade chinesa sobre as regiões ocidentais. Pelos próximos 30 anos, as forças comandadas por Ban Chao repeliram ataques, suprimiram rebeliões, submeteram reinos e enviaram destacamentos para pontos tão distantes quanto Kashgar, um oásis no limite ocidental do deserto de Taklamakan. Ao final de 94 d.C., os exércitos chineses de Ban Chao já haviam feito mais de 50 Estados jurarem obediência aos Han.

Nessa época, já circulavam pela China informações de um grande império localizado muito além das passagens ocidentais da bacia do Tarim – de fato, esse império estava além do mar Ocidental (uma referência pouco precisa, mas que indicava, no pensamento chinês, uma grande distância). Segundo os rumores, esse império se estendia por uma área gigantesca, possuía mais de 400 cidades muradas, controlava uma série de reinos clientes e edificava fortificações de pedra esbranquiçada. Os relatos indicavam que o poder desse Estado era tal que ele era, basicamente, uma "China no Oeste", e por isso recebeu o genérico nome de *Da Qin*, ou "Grande Qin", referência à dinastia que fundou o Império Chinês.

Talvez o *Da Qin* fosse o Império Romano. Talvez fosse a região de Alexandria ou mesmo a Síria. De qualquer forma, era uma oportunidade de contato e comércio que Ban Chao não queria perder, e por isso, em 97 d.C., ele enviou o diplomata Gan Ying com a missão de desbravar o caminho até o Da Qin. Assim como Zhang Qian fizera há mais de 200 anos antes, Gan Ying deveria ir até onde nenhum han jamais havia ido, e trazer para a China produtos exóticos e preciosos. O diplomata, então, partiu em viagem sem encontrar grandes contratempos e logo alcançou as terras Tiaozhi e Sibin (provavelmente no Iraque), onde pôde conversar com alguns marinheiros de Anxi. Anxi, como vimos, equivale às regiões do Irã, enquanto esses marinheiros provavelmente eram de origem parta, visto que os partos, um povo de origem iraniana, eram a força dominante nesse período. Esses marinheiros acompanharam Gan Ying até as bordas do "mar Ocidental", no golfo Pérsico, e disseram que a travessia dali até o Da Qin poderia levar três meses com bons ventos, mas até dois anos no caso de condições desfavoráveis e, portanto, qualquer aventureiro que desejasse seguir em frente deveria comprar provisões para três anos. Eles o desencorajaram mais ainda dizendo que "o vasto mar faz os homens se lembrarem de seus lares" e, com isso, "muitos morrem no trajeto, frustrados por terem abandonado sua casa". Gan Ying decidiu, então, que tanto esforço não valeria a pena e voltou para a China.

A partir dessa anedota, contida em um livro de registros históricos, o *Hou Hanshu* (ou "O Livro de Han Tardio"), podemos extrair algumas informações importantes. Em primeiro lugar, é evidente que os marinheiros de Anxi não queriam levar o diplomata para o oeste, visto que um trajeto por terra, do Iraque à Ásia Menor, seria viável. Em segundo lugar, é possível afirmar que os habitantes de Anxi e outros reinos do oeste asiático estavam bem informados sobre o balanço de poder em um cenário mais amplo, isto é, conheciam tanto o Império Chinês quanto o Império Romano, e decidiram que não seria bom para o comércio local facilitar o contato direto entre ambos, apesar da enorme distância que os separava. E, em terceiro lugar, se os anxi já operavam comércio e negociações entre a Europa e a Ásia, significa que, nessa época, a Rota da Seda não estava mais restrita ao domínio da dinastia Han sobre o Corredor Hexi e sobre o Taklamakan, mas já havia desembocado em territórios muito mais ocidentais e, provavelmente, se ramificava em rotas variadas pelo caminho. A Rota da Seda agora era um fenômeno global.

FIOS DE SEDA AO REDOR DE BUDA

Se a Rota da Seda nasce a partir da rivalidade entre nômades e sedentários (especialmente os xiongnus e os chineses) e da consequente dominação han desde o Corredor Hexi até a bacia do Tarim, onde ficava o deserto de Taklamakan e o chamado Protetorado das Regiões Ocidentais, é na Antiguidade que seu crescimento atinge um escopo muito maior. Especialmente após o século II d.C., quando os han perdem o controle que tinham das terras do oeste (e, em 220 d.C., o próprio trono imperial da China), a Rota da Seda se desenvolve muito mais como uma "região" do que como uma "estrada". O termo "Rota da Seda" passa então a destacar o mundo dos oásis da Ásia Central, onde centros urbanos crescem de forma impressionante e com muita autonomia, servindo como nodos de espalhamento de tecidos, de temperos, de moedas e de cerâmicas, mas também de idiomas, de técnicas de agricultura, de práticas culturais e de religiões (tanto que já no final da Antiguidade, o cristianismo, o budismo, o islamismo e diversas outras variações dessas religiões se tornaram *commodities* – "produtos" que circulavam junto de bens materiais – ou, ao menos, formas de integração, identificação e comunicação entre habitantes de diferentes cidades e sociedades da região).

Acima de tudo, na Antiguidade, Rota da Seda passaria a significar um grande sistema de mediação econômica, política e cultural entre grandes Estados: o Império Romano, o Império dos Partos, o posterior Império Persa Sassânida, os impérios do subcontinente indiano e as diferentes dinastias chinesas estariam todos ligados indiretamente pelas artérias que corriam pelo deserto da Ásia Central. Inclusive, podemos ir mais além e notar que o termo "Rota da Seda" passaria a abarcar também os caminhos comunicativos não apenas da terra, mas também do mar, já que de uma forma ou de outra, o intenso tráfego de barcos e bazares no mar da China, nas ilhas do Sudeste Asiático, no oceano Índico, no mar Vermelho e no Mediterrâneo estava ligado aos processos comerciais da (mais clássica) Rota da Seda.

Assim, podemos definir que a Antiguidade da Rota da Seda vai do século II d.C. até o surgimento e a disseminação do Islã a partir de 632 d.C., quando viajantes árabes e persas alteram a face do comércio afro-eurasiático. Como vimos antes, isso obviamente não significa que todas essas regiões já não comercializassem entre si por milênios, mas esse modelo de contato que começa a se fortalecer no século II d.C. é herdeiro direto dos esforços diplomáticos da China Han, simbolizados nas viagens de Zhang Qian e dos embaixadores que o sucederam.

Isso posto, retornemos à viagem de Gan Ying: quando ele parte em busca do Da Qin (e a China estava há poucos anos de perder seu controle sobre o Protetorado das Regiões Ocidentais), a seda já havia deixado de ser apenas um presente diplomático para os nômades e já adornava aristocratas romanas e indianas. Isso acontecia porque os mediadores comerciais não estavam restritos ao deserto de Taklamakan, mas haviam expandido sua área de atuação através do poder de uma antiga sociedade nômade que estava agora bem assentada no Afeganistão e no norte da Índia: os yuezhis.

Na última vez que mencionamos os yuezhis, eles habitavam a região de Da Xia (que chamamos de Báctria) e Zhang Qian havia se deslocado até a corte de Wusun para tentar abrir uma rota nessa direção. Nesse período, os yuezhis eram formados por uma união de diferentes grupos aristocráticos que pouco lembravam os nômades que, no passado, estavam próximos dos xiongnus. Em sua estadia na Báctria, os nobres yuezhis haviam entrado em contato com diferentes sociedades de pano de fundo étnico variado, como os sakas iranianos, e se expandiram cada vez mais para o sul em direção à Índia. Nesse processo de transformação de suas características originais, os yuezhis fundaram um império sedentário e passaram a se denominar kushanas (ou "cuchanas", em uma grafia lusófona). Isso ocorreu por volta de 30 d.C., quando as aristocracias yuezhi-kushanas foram unificadas por um certo governante chamado Kujula Kadefises, dando início formal ao Império Kushana.

Não podemos subestimar a importância do Império Kushana para a ampliação do mundo da Rota da Seda na Antiguidade. Durante o período de maior expansão territorial desse Império, sob o comando de Kanishka, o Grande, entre 127 d.C. e 150 d.C., os kushanas dominavam toda a Báctria e o vale de Fergana ao norte, além do Indocuche e de Gandara ao sul. Isso equivale, aproximadamente, aos atuais Tibete, Tajiquistão, Quirguistão, Uzbequistão, Cazaquistão, Turcomenistão, Afeganistão, Paquistão, Índia e partes da atual China. Em outras palavras, eles dominavam o acesso ocidental à bacia do Tarim e mantinham contato direto com os chineses, com outros iranianos (como os partos e, no século III d.C., os persas) e até com os romanos, que diversas vezes receberam a visita de embaixadas kushanas. Isso os tornava, efetivamente, "corretores comerciais" ideais para que os produtos vindos do leste da Ásia circulassem para além dos oásis de Taklamakan.

Império Kushana

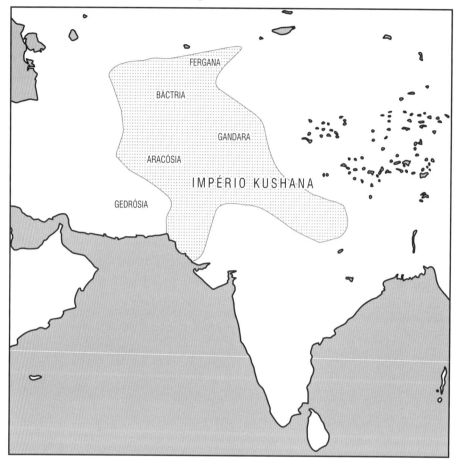

Estar na encruzilhada da circulação de povos e produtos não apenas beneficiou o Império Kushana, que durou de 30 d.C. a aproximadamente 350 d.C., mas efetivamente ajudou a formá-lo. É como se o DNA kushana tivesse sido gerado na Rota da Seda – não necessariamente só aquela Rota da Seda "formal", das estradas e dos trajetos comerciais chineses, mas também aquela mais "simbólica", que representava mobilidade, contatos variados e cosmopolitismo. Na cultura, os kushanas empregavam tanto o alfabeto grego quanto o *Kharoshthi*, uma grafia derivada do aramaico persa. Na política, eles foram influenciados pelos sakas e partas a adotar o sistema de satrapia, herdado do antigo Império Persa Aquemênida, que estipulava uma divisão territorial em unidades administrativas (chamadas de satrapias) – as satrapias eram governadas por um chefe local (o sátrapa) que detinha um alto nível de autonomia, ainda que fosse nominal e fiscalmente submetido ao imperador. Ainda no campo da política, os kushanas também adotaram a ideia de construir templos chamados *Devakula*, ou "templos da família divina", que tinham por objetivo reforçar o culto da linhagem do governante. Na economia, podia se ver tanto as antigas influências chinesa e do período nômade dos yuezhis, quando a troca de seda e outros bens de luxo era uma linguagem diplomática, quanto a prática greco-romana de empregar moedas no comércio. Mas foi no campo religioso que os kushanas deixariam sua maior marca na Rota da Seda.

Desde o início de seu controle regional, os governantes kushanas foram patronos do budismo, uma crença religiosa que surgira por volta de 550 a.C., quando, conforme a crença, um jovem rico chamado Sidarta Gautama abandonou seus bens materiais e sua casa no Nepal, foi até a Índia e, sob uma árvore, meditou até atingir a "iluminação máxima", o *Nirvana*, e se tornou um *Buddha*, "aquele que acordou". Desde então, seguidores dos ensinamentos de Sidarta Gautama foram se multiplicando pelo subcontinente indiano, por vezes de maneira tímida, outras com mais intensidade. Contudo, nos tempos do imperador indiano Ashoka, o Grande, que reinou entre 268 a.C. e 232 a.C., o budismo foi abraçado pelas castas governantes e se tornou uma efetiva força política, religiosa e cultural no sul da Ásia. E 400 anos depois, Kanishka de Kushana operaria um patrocínio semelhante àquele de Ashoka e faria com que o budismo saltasse de uma religião popular na Índia para uma doutrina presente em toda a Rota da Seda.

Para que isso faça sentido, precisamos entender que a História da Rota da Seda é escrita levando em conta a multiplicidade dos fenômenos envolvidos. Isso significa que o mundo dos contatos afro-eurasiáticos não se deixa ser contado em uma narrativa bem localizada com começo, meio e fim. Na verdade, quando contamos a História das artérias da Rota da Seda, nossa exploração se inicia com as missões diplomáticas chinesas simbolizadas pelas ações de Zhang Qian, mas logo ela sai do domínio Han e se torna um verdadeiro jogo de dominós, em que eventos em um lado afetam situações no outro, e avanços históricos em diferentes sociedades estão intimamente ligados, como se estivéssemos diante de um sistema de escalas e balanças históricas. Esse sistema de escalas e balanças – uma marca importante daquilo que chamamos de "História Global" – nos ajuda a entender como um tecido originado do casulo de uma larva pode desembocar na difusão de uma religião originalmente indiana que prega a iluminação, o "acordar", entre iranianos, chineses e até mesmo gregos.

De fato, não é possível compreender efetivamente a natureza do poder do Império Kushana e do budismo centro-asiático sem levar em consideração as ondas geradas por essa maré de movimentos que chamamos de "Rota da Seda simbólica". Vejamos: a hegemonia kushana pela Báctria, por Fergana e por Gandara se constrói com base no sincretismo e no cosmopolitismo nômade, chinês, iraniano, grego e mesmo romano, em outras palavras, no contato entre elementos das culturas nômades, da estrutura política e cultural chinesa e da presença chinesa, grega e romana na região ou suas proximidades que serve de base para e, ao mesmo tempo, é promovido pelo Império Kushana.

Essas condições permitem que os kushanas adotem, com um olhar plural e cosmopolita, o budismo – uma religião que, até então, tinha em seu centro a crença de que a vida é um ciclo interminável de sofrimento causado pelos desejos terrenos, e somente seguindo os passos de um buda é que o ser humano poderia transcender esse sofrimento, se iluminar e atingir o *Nirvana*, o "estado de nenhuma existência". Esse dogma de sofrimento, ascetismo e, especialmente, reencarnação não tinha tido apelo fora da Índia, porque muitos sistemas religiosos asiáticos não trabalhavam com o conceito do eterno renascimento da vida (chamado no budismo de "Roda de *Samsara*"), mas quando os kushanas entram em contato com essa religião, inicia-se um processo de transformação simbiótica que a torna mais palatável a novos adeptos. Como isso ocorreu? Monges budistas, organizados em *sangha* ("congregações"), levavam uma vida simples e diziam não poder trabalhar a terra porque animais e insetos poderiam ser mortos nesse processo, então era necessário que esses religiosos fossem alimentados e mantidos por centros urbanos e por "leigos", isto é, não monges. Em troca desse "patrocínio", a presença de um *sangha* trazia prestígio para a comunidade do local onde estava instalado, pois transformava a região em uma espécie de centro religioso, um ponto de emanação do budismo cuja sacralidade atraía visitantes, viajantes e mesmo fiéis de outras áreas. Com o desenvolvimento de um ramo do budismo conhecido como *Mahayana*, surgiu a figura do *bodisatva*, um ser iluminado que, em sua compaixão, buscava o *Nirvana* não apenas para si, mas para todas as pessoas que acreditassem nele (um processo chamado de *bodhicitta*). A partir do *Mahayana*, os *sangha* poderiam abrigar estátuas sagradas de pessoas e entidades consideradas *bodisatva* que garantiriam a iluminação, a "salvação", da comunidade que bancasse os monges. Quando os kushanas passam a adotar o budismo, eles se aproximam do *Mahayana* no momento em que surge um texto que logo se tornaria bastante influente, chamado *Saddharma Pundarika Sutra*, ou "Escritura do Lótus Branco da Verdadeira Missão", popularmente conhecida como *Sutra do Lótus*. Esse texto afirma que todos os seres humanos podem se tornar budas e indica como conseguir a atenção dos *bodisatvas* por meio de doações e oferendas, garantindo assim um caminho para a "salvação iluminada" por intermédio desses "seres de compaixão".

Assim, com o patrocínio kushana, templos budistas foram construídos e *bodisatvas* começaram a receber mais e mais oferendas. Viajantes e mercadores que passavam pela Báctria viam nessa "salvação", por meio de doações materiais, um caminho religioso mais tangível e interessante do que apenas a ideia de libertação por meio do *Nirvana*. Por consequência, comunidades budistas se tornaram mais prósperas e sua presença em centros urbanos passava a atrair mais mercadores para essas cidades. Esse ciclo enriquecia monges e templos, ao mesmo tempo que enriquecia as cidades que os acomodavam e patrocinavam. Metais e pedras preciosas eram oferecidos aos *bodisatvas*, o que fez com que esses produtos ficassem ainda mais valorizados, porque agora estavam imbuídos também de uma dimensão religiosa. E, claro, essa valorização budista atingiu também a seda, tecido comumente usado nos templos. É possível ver, assim, como era a simbiose kushana-budista: o patrocínio imperial aumentou o número de instituições religiosas que, por sua vez, agregavam valor aos centros onde estavam localizadas; isso atraía mercadores e comerciantes que, no processo de doação para essas instituições, acabavam enriquecendo também o Império.

Em pouco tempo, o budismo se tornou uma religião adaptada à realidade comercial da Rota da Seda, e ainda no século I d.C. se espalhou da Índia para o Afeganistão e, dali, para o restante da Ásia Central e para a China. Monges e comerciantes passaram a carregar textos budistas em suas caravanas de seda, temperos e pedras preciosas, e isso contribuiu para a construção de templos nas cidades-oásis, criando um verdadeiro ciclo de prosperidade e proselitismo.

QUEM PODIA SER SALVO CONFORME O *SUTRA DO LÓTUS*

"[...] 83. Outros, que tinham imagens de Budas feitas das sete substâncias preciosas, de cobre ou latão, alcançaram a iluminação [...]

88. Aqueles que ofereceram flores e perfumes às relíquias dos Budas, aos templos, um monte de terra, imagens de barro ou desenhadas em uma parede;

89. Quem fez tocar instrumentos musicais, tambores, trombetas de conchas e grandes tambores barulhentos, e levantou o chocalho de címbalos em tais lugares para celebrar a mais alta iluminação;

90. Quem fez com que doces alaúdes, címbalos, tambores, pequenos tambores, apitos de junco ou flautas de cana-de-açúcar fossem produzidos, todos eles alcançaram a iluminação. [...]"

(Fonte: KERN, H. (ed.) *The Saddharma-pundarika*. Trad. H. Kern. Delhi: Motilal Banarsidass, 1980, pp. 50-51.)

Além disso, o budismo ajudou a dar, metaforicamente, uma "cara" para o mundo da Rota da Seda. Antes da hegemonia islâmica na Ásia Central, o budismo foi uma importante força motriz de arte e trocas culturais. Afrescos e pinturas parietais em grutas, templos, manuscritos, estátuas e outros signos visuais se espalharam pela Ásia, empregando uma espécie de linguagem artística com a qual iranianos, indianos, chineses, sogdianos, kushanas, outros grupos de pano de fundo budista e mesmo viajantes gregos podiam se identificar. Podemos falar, portanto, da arte budista como um elemento de coesão das sociedades envolvidas na Rota da Seda, já que adotava linguagens religiosas e estéticas sincréticas, influenciadas por culturas de diferentes espaços asiáticos, oferecendo aos envolvidos um universo conhecido, uma expressão cultural comum.

NA ANTIGUIDADE 51

Mestre budista da Ásia Central e estudante do leste asiático representados em um afresco na gruta de Bezeklik, deserto de Taklamakan.

O Buda de Gandara, esculpido em estilo "greco-budista", séculos I-II d.C.

TECENDO UM CAMINHO PARA O OCIDENTE

Enquanto o budismo crescia e se tornava uma das facetas da Rota da Seda, o desejado tecido chinês finalmente chegou ao Da Qin que Ban Chao e Gan Ying tanto haviam buscado – mas não foram mãos han que levaram a seda para o Ocidente distante.

Não que a China tenha se tornado irrelevante no cenário comercial, mas o intermédio dos kushanas e de grupos iranianos (como os partos) na Ásia Central alterara o centro gravitacional da Rota da Seda do Corredor Hexi para as regiões de Fergana e da Báctria. Agora novos parceiros importantes adentravam o jogo de trocas. Destes, o mais significativo era o Império Romano.

A inclusão de Roma no comércio de seda, especialmente a partir do século I d.C., nos revela com mais profundidade as alterações nesse sistema de contatos que no passado se iniciara com os chineses e os nômades. Como em um efeito dominó, as trocas que nasceram a partir das disputas de poder e influência entre os han e os xiongnus acabaram fortalecendo os Estados do Taklamakan, o que levou os yuezhis para o sudoeste e desembocou na formação do Império Kushana. Os kushanas, por sua vez, lançaram o budismo em direção ao Oriente e abriram novos caminhos de comércio para o Ocidente, que agora passavam pelos partos e chegavam até a Mesopotâmia, a Arábia e o Mediterrâneo. Nessa época, a Rota da Seda estava pulverizada entre vários centros distintos, e a participação do Império Romano é, acima de tudo, um símbolo dessa pulverização. Os chineses, portanto, não controlavam os produtos asiáticos que chegavam aos portos ocidentais, pois os novos senhores das artérias de contato não eram "descendentes de Zhang Qian", mas caravaneiros do deserto ou sátrapas da Índia. Assim era, pois, a composição da Rota da Seda no início do primeiro milênio de nossa era.

Foi por intermédio e com a permissão de iranianos e kushanas que a seda começou a inundar os bazares romanos. Autores como o romano Plínio, o Velho, registraram que, no século I d.C., um novo tecido, produzido pelos *seres* a partir de uma substância de lã retirada de suas florestas, era a nova moda entre as mulheres romanas. A febre gerada pelo produto exótico era tanta que, segundo Plínio, as aristocratas estavam deixando os cofres imperiais praticamente vazios de moedas. Afirmações como essa nos mostram que, enquanto chineses, nômades, iranianos e tantos outros viam na seda um símbolo de luxo, civilidade e poder, certos pensadores romanos enxergavam no uso desse produto um sinal de decadência, futilidade, fraqueza e feminilidade – traços que passariam a ser comumente atribuídos àqueles que os latinos chamavam de "orientais". Plínio, por exemplo, não deixa de adicionar sua visão etnocêntrica contra povos não romanos (nesse caso, os chineses), chamando-os de selvagens e isolados. Posturas como essa eram comuns em textos romanos que, ao tecerem análises culturais ou históricas sobre outras sociedades, traziam uma forte carga de etnocentrismo originado no senso de que o Império Romano era o grande centro da cultura e da civilização.

O fato é que, pelos próximos 200 anos, o tecido chinês seria tratado pelos romanos de diferentes formas, ora como um desejado bem de luxo por parte de imperadores mais hedonistas, como Calígula e Cômodo, ora como um item caríssimo, dispendioso e proibido por parte de imperadores mais frugais, como Antonino. Vestir roupas de seda foi muitas vezes desencorajado e visto como "indecente" ou como um hábito caro demais para ser mantido em larga escala pelas aristocracias. No reinado do imperador Tibério (de 14 d.C. a 37 d.C.), os homens foram proibidos de se vestir com trajes de seda.

PALAVRAS DO PENSADOR ROMANO PLÍNIO, O VELHO, SOBRE A SEDA E OS CHINESES

"Os primeiros ocupantes humanos [desta região do mundo] são os chamados chineses [*seres*], famosos pela substância lanosa obtida de suas florestas; depois de uma imersão em água, eles penteiam a penugem branca das folhas e, assim, fornecem às nossas mulheres a dupla tarefa de desembaraçar os fios e tecê-los novamente; tão múltiplo é o trabalho empregado, e tão distante é a região do globo utilizada, para permitir que a matrona romana ostente roupas transparentes em público. Os chineses, embora de caráter suave, ainda se assemelham a animais selvagens, pois também evitam a companhia do restante da humanidade e esperam que o comércio chegue até eles."

(Fonte: PLINY. *Natural History*. Trad. H. Rackham. Cambridge: Harvard University Press, 1961, v. II, p. 379.)

Apesar das ressalvas e críticas de alguns romanos (certos imperadores, aristocratas e pensadores) com relação à seda entre os séculos I d.C. e III d.C., o produto continuou chegando aos mercados do Império. Isso acontecia não apenas porque havia a demanda das elites que viam no produto um artigo de luxo exótico, mas também porque Roma era muito engajada no comércio de especiarias, perfumes e incensos que ocorria tanto no mar Vermelho quanto nas fronteiras mesopotâmicas. Pimentas vindas da Índia e incensos vindos da Arábia eram bastante apreciados pelos romanos, e a seda vinha no rebote desses outros bens de luxo. Este é um fato curioso: se o tecido chegava com especiarias, ele havia saído da Índia, cruzado o oceano Índico e desembarcado provavelmente em Alexandria, no Egito; e se o tecido chegava com incensos e perfumes, ele saíra da Arábia ou do Irã em direção aos bazares do Iraque e da Síria. Fosse pela Índia, fosse pela Arábia, eram os kushanas e os partos os agentes que liberavam a seda, demonstrando como vimos que, já nesse período, não se tratava mais de uma única Rota da Seda "clássica", mas de ramificações por mar e por terra ao gosto dos mediadores que operavam o comércio.

Contudo, entre os séculos III d.C. e IV d.C., esse cenário começaria a sofrer alterações. Uma nova força se levantava no planalto iraniano, pronta para alterar o *status quo* na Afro-Eurásia. Em 224 d.C., um governante local persa chamado Artaxes I reuniu forças suficientes para desafiar Artabano, o imperador dos partos (povo que os chineses chamavam de anxi). Ele saiu vitorioso e deu início ao Segundo Império Persa, também conhecido como Império Sassânida (por conta de seu avô, Sassan, fundador da dinastia). O Império Sassânida foi então edificado como uma poderosíssima força nas regiões do Oriente Médio e da Ásia Central entre 224 d.C. e 651 d.C., quando os árabes, que haviam acabado de se converter ao islamismo, tomaram o trono imperial iraniano; nesse meio-tempo, os governantes persas (chamados de *Shahanshah*, ou "Rei dos Reis") adotaram políticas expansionistas e abertamente conquistadoras, o que os colocou em conflito direto com o Império Romano na região da Mesopotâmia.

Enquanto para os persas Roma era uma violenta força estrangeira que desejava estender sua influência sobre povos súditos do Rei dos Reis, para os romanos a Pérsia era um antigo inimigo despótico agora com pretensões universais que desejava escravizar toda a Terra. A hostilidade aberta entre essas duas forças, portanto, não se dava apenas no domínio de uma região específica, mas também ganhava contornos de uma guerra "planetária". Logo, ambos os lados estariam competindo tanto nos campos de batalha quanto no campo da propaganda, das imagens políticas e dos discursos ideológicos. Com isso, suas esculturas, moedas e cerimônias imperiais começam a se tornar cada vez mais parecidas. E não demorou para que, ironicamente, os imperadores romanos passassem a querer imitar a mesma aura de mistério e autoridade que o Rei dos Reis da Pérsia emulava: no século IV d.C., os líderes de Roma, provavelmente influenciados pelos inimigos ao leste, voltaram a se aproximar da seda e a transformaram em um tecido de prerrogativa imperial.

Das fazendas imperiais chinesas, agora a seda adornava o Rei dos Reis da Pérsia e também o imperador dos romanos. Do extremo leste ao extremo oeste da Eurásia, o celebrado tecido chinês era então uma *lingua franca* do poder, do luxo e do exótico. Fosse tingida com um pigmento vermelho caríssimo que os romanos chamavam de "púrpura imperial" (cujo uso era reservado ao imperador, à sua família e a seus oficiais mais próximos), fosse adornada com brocados de ouro ou entrelaçada em padrões e desenhos complexos, a seda foi um dos poucos materiais na história que alcançaram um significado tão universal. Na metade do primeiro milênio de nossa era, a seda havia "conquistado o mundo".

O surgimento do Império Sassânida e a subsequente mundialização do tecido chinês tiveram grande impacto na Rota da Seda – que, como vimos, não era mais apenas uma estrada entre a China e o Taklamakan, mas também um conjunto de artérias conectivas que se espalhavam por mar e terra entre a Ásia, a África e a Europa. A mundialização da seda ocorreu depois que Sapor, filho de Artaxes e segundo *shahanshah* da Pérsia, liderou uma intensa campanha de conquista do Oriente. Sapor, em seu longo reinado (240 d.C.-270 d.C.), lutaria tanto contra os romanos na Mesopotâmia como com os kushanas e outros grupos da Ásia Central na Báctria e outros territórios mais além, o que lhe permitiu estender sua autoridade exatamente sobre as regiões que, até então, faziam a mediação do comércio com o Ocidente. Na década de 240 d.C., sakas, kushanas e partos tornaram-se tributários dos sassânidas, que agora controlavam significativamente o escoamento terrestre dos produtos vindos do interior da Ásia, incluindo, claro, a seda.

56 ROTA DA SEDA

Obviamente, a hegemonia sassânida sobre partes da Ásia Central (especialmente na Báctria dos kushanas) acabou afetando o mercado romano da Rota da Seda, que havia reavivado recentemente seu interesse pelo produto. Em razão disso, iniciou-se uma espécie de "guerra comercial", em que a Pérsia tinha poder de, ao menos em parte, controlar, taxar e barrar a chegada de mercadorias orientais no mundo mediterrânico. E essa rivalidade entre romanos e persas se tornou ainda mais acirrada quando, em 330 d.C., o imperador romano Constantino inaugurou o que chamou de uma "Nova Roma", a cidade de Constantinopla. Constantinopla se tornaria uma capital imperial e, com a divisão do Império Romano em 395 d.C., se transformaria no principal centro da porção oriental desse império. Em outras palavras, a partir do século IV d.C., o ponto nevrálgico romano havia saído do coração do mar Mediterrâneo e ido para as portas da Ásia, e certamente os sassânidas viram esse movimento como um ato de ameaça e enfrentamento – inclusive porque Constantinopla nasce, efetivamente, como uma cidade cristã, e o Rei dos Reis da Pérsia havia feito da religião zoroastrista um de seus principais pilares políticos e ideológicos. Logo, uma nova capital romana, cristã e mais próxima das fronteiras orientais parecia um perigo para a própria estrutura político-religiosa sassânida. A resposta persa a essa pretensa ameaça viria na forma de armas e seda – isto é, com conflitos militares e com a tentativa de exercer maior controle sobre os mercados de tecido que vinham do leste e, como vimos, passavam pela Pérsia.

Os desdobramentos da disputa romano-persa se mantêm ao longo do século V d.C., quando a porção ocidental do Império Romano é dissolvida em 476 d.C. por um chefe militar de provável extração germânica chamado Odoacro. Ele invade Ravena, que era nesse momento a capital, e depõe o jovem imperador Rômulo Augústulo, alegando que Roma não precisava de dois imperadores, e apenas um trono em Constantinopla era o suficiente. Esse movimento político fez com que, na prática, o Império Romano ficasse restrito, depois do século V d.C., somente aos territórios orientais – o que chamamos de

"Império Bizantino". Essa retração do poder romano em direção ao leste provavelmente acirrou ainda mais as rivalidades entre romanos e sassânidas, as quais desembocaram numa série de confrontos militares intermitentes e de larga escala entre 502 d.C. e 628 d.C. E, no meio desse longo século de agressões, o acesso a rotas comerciais vindas do leste – especialmente da Índia e da China – e o controle delas continuavam sendo os principais pontos de contenda.

A falta de concórdia é evidenciada pela atuação de um dos mais famosos imperadores bizantinos desse período, Justiniano I. Esse governante, que liderou a Roma Oriental entre 527 d.C. e 565 d.C., passou boa parte de seu longo reinado sedimentando um projeto militar e ideológico de fortalecimento político e reconquista territorial, e para tanto enfrentou inimigos tanto na Ásia (os persas) quanto na Europa (os povos vândalos e godos). Apesar de suas vitórias, o choque com os sassânidas obviamente trouxe consequências econômicas, e o Rei dos Reis acabou fechando as rotas comerciais que passavam pelo seu território com a mesma voracidade com que Justiniano enviara suas hostes para o combate.

Sem acesso à seda e a outros diversos produtos que vinham da Ásia Central e da Índia, o imperador romano buscou novos aliados na tentativa de encontrar novos caminhos para a Rota da Seda. Um desses foi o Império de Axum, um Estado africano localizado entre as atuais Etiópia e Eritreia. A amizade foi selada, mas ela não trouxe os benefícios desejados, e Justiniano continuou elaborando estratégias para chegar à Índia (de onde ele imaginava que vinham os produtos orientais) sem o custoso intermédio dos persas.

Foi nesse contexto, por volta de 552 d.C., que dois monges vindos da Índia se propuseram a ajudar Justiniano não somente a evitar comprar seda de seus inimigos, mas também a ensinar como produzir o tecido na própria Constantinopla. Eles haviam passado um longo tempo em uma nação chamada *Serica* ou *Serinda*, a "Terra da Seda", e lá descobriram o segredo da manufatura do luxuoso tecido. O historiador imperial Procópio de Cesareia nos lega as informações sobre esse encontro.

PROCÓPIO DE CESAREIA
DESCREVE O ROUBO DE BICHOS-DA-SEDA

"Por volta dessa época certos monges, vindos da Índia e sabendo que o imperador Justiniano nutria o desejo de que os romanos não comprassem mais sua seda dos persas, apresentaram-se ao imperador e prometeram resolver a questão da seda de que os romanos não mais comprariam esse artigo de seus inimigos, os persas, nem mesmo de qualquer outra nação; pois eles tinham, diziam, passado muito tempo no país situado ao norte das numerosas nações da Índia – um país chamado *Serinda* – e lá eles aprenderam com precisão por quais meios era possível produzir seda na terra dos romanos. Então o imperador fez indagações muito diligentes e fez-lhes muitas perguntas para ver se suas declarações eram verdadeiras, e os monges lhe explicaram que certos vermes são os fabricantes de seda, sendo a natureza sua professora e obrigando-os a trabalhar continuamente. E embora fosse impossível transportar os vermes vivos para lá, ainda era prático e totalmente fácil transportar sua prole. Agora, a prole desses vermes, diziam, consistia em inúmeros ovos de cada um. E os homens enterram esses ovos, muito depois do tempo em que são produzidos, no esterco, e, depois de aquecê-los por um tempo suficiente, eles dão à luz as criaturas vivas. Depois de terem falado assim, o imperador prometeu recompensá-los com grandes presentes e instou-os a confirmar sua conta em ação. Eles então mais uma vez foram para *Serinda* e trouxeram de volta os ovos para Bizâncio, e da maneira descrita fizeram com que eles se transformassem em vermes, que se alimentavam das folhas da amoreira; e assim tornaram possível, a partir de então, a produção de seda na terra dos romanos. Naquela época, as coisas estavam assim entre os romanos e os persas, tanto no tocante à guerra quanto em relação à seda."

(Fonte: PROCOPIUS. *History of the Wars, Book VII (continued) and VIII*. Trad. H. B. Dewing. Cambridge: Harvard University Press, 1962, pp. 227-231.)

Jamais saberemos se esse incrível relato é verdadeiro ou se não passou de propaganda bizantina, mas ainda assim ele nos revela uma faceta fundamental da Rota da Seda: ela jamais foi apenas sobre comércio, mas também sobre política, rivalidades, religião, cultura e supremacia. Controlar seus caminhos significava obter benefício econômico, assim como exprimia hegemonia sobre uma zona de conexão entre inúmeros povos e línguas. Para impérios que se pretendiam universais e senhores de todo o planeta, como o Romano e o Persa, estender autoridade sobre os mercados do mar e do deserto era sinal do mais alto nível de influência e cosmopolitismo.

Além disso, esse relato retrata um "ponto de virada" na história da Rota da Seda, porque a partir de então a produção do material não seria mais um monopólio chinês, como veremos.

Enfim, 600 anos após as viagens de Zhang Qian, o mundo da Rota da Seda havia se expandido e se transformado de maneira fundamental. O cintilante tecido chinês testemunhara a queda da dinastia Han no século III d.C., o espalhamento do budismo na Ásia Central por intermédio dos kushanas, a ascensão da hegemonia comercial dos persas através dos sassânidas e a abertura de novos mercados por ação dos romanos. Mesmo que essa expansão geográfica e cultural já estivesse acontecendo desde o início do primeiro milênio de nossa era, um fenômeno importante ocorre para acelerá-la por volta de 500 d.C.: a seda começa a ser produzida no Império Bizantino e também no Império Persa. Inicialmente, essa manufatura era feita em pequena escala e o tecido cru chinês continuava com altíssima demanda. Contudo, desvendado o mistério da produção de seda, não tardou para que um maior conhecimento técnico permitisse aos sassânidas e aos romanos do Oriente produzir camisas, robes e mantos de seda com padrões bastante complexos e desenhos intrincados, agregando mais valor simbólico aos produtos e transformando essas roupas em verdadeiras "telas de poder", em sinais materializados de luxo e pujança. Em outras palavras, abriu-se um "segundo mercado de seda": o mercado da confecção artística persa e bizantina.

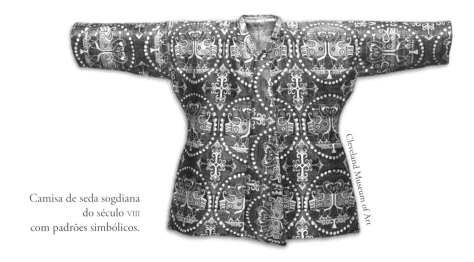

Camisa de seda sogdiana do século VIII com padrões simbólicos.

Cleveland Museum of Art

As regiões da Ásia Menor e do Planalto Iraniano se tornam tão fundamentais para a Rota da Seda quanto a Ásia Central, e é nesse contexto que nossa história verá a chegada de três novos atores: os sogdianos, os turcos e, acima de tudo, o Islã.

Sugestões de leitura

DARYAEE, Touraj et al. *Iranians on the Silk Road*: Merchants, Kingdoms and Religions. Berkeley: Afshar Publishing, 2010.
    Leitura especializada que explora detalhadamente o papel de viajantes e mercadores iranianos na Rota da Seda a partir de uma grande quantidade de fontes primárias usualmente pouco acessíveis.

MCLAUGHLIN, Raoul. *The Roman Empire and the Silk Routes*: the Ancient World Economy & the Empires of Parthia, Central Asia & Han China. Barnsley: Pen & Sword, 2016.
    Obra introdutória que apresenta o Império Romano a partir de suas conexões de longa distância com alguns espaços da Rota da Seda, especialmente com a Índia e com o Oriente Médio.

PINTO, Otávio Luiz Vieira. Roma e Pérsia no século III: uma tradução da *Res Gestae Divi Saporis*. In: SILVA, Semíramis Corsi; ANTIQUEIRA, Moisés (orgs.). *O Império Romano no século III*: crises, transformações e mutações. São João do Meriti: Desalinho, 2021, pp. 139-166.
    Capítulo que apresenta a tradução de uma fonte persa sassânida importante para que se compreenda a relação entre o Império Romano e o Império Persa em um momento crucial para a história da Rota da Seda.

SLOOTJES, Daniëlle; PEACHIN, Michael (orgs.). *Rome and the Worlds beyond its Frontiers*. Leiden: Brill, 2016.
    Coletânea que explora a aproximação do Império Romano com o restante do mundo, incluindo a Rota da Seda.

TOLA, Fernando; DRAGONETTI, Carmen. *El budismo mahayana*: estudios y textos. Buenos Aires: Kier, 1980.
    Obra básica e introdutória para se compreender o budismo em seu segmento *Mahayana*, que foi a forma mais popular dessa religião na Rota da Seda.

Sob a hegemonia islâmica

O KHAN E O IMPERADOR

Enquanto Roma e Pérsia disputavam fronteiras e mercados, a China se reerguia. Desde o século III, quando a dinastia Han foi destronada, o "Reino do Meio" passava por instabilidades políticas que afetaram diretamente sua capacidade de atuar com mais intensidade na Rota da Seda. Entre 220 e 280, três dinastias rivais, a Cao Wei, a Shu Han e a Wu Oriental, competiram pela herança dos Han em um sangrento e prolongado conflito que ficou conhecido como *Sanguo Shidai*, ou "Era dos Três Reinos". Nesses 60 anos de guerra, o antigo território imperial foi fraturado e o nível de mortandade entre a população atingiu o número de dezenas de milhões. Além da óbvia impossibilidade de se controlar o comércio como os governantes da dinastia Han haviam feito, a Era dos Três Reinos trouxe uma consequência duradoura para a região: uma divisão política entre o norte e o sul da China que iria perdurar até aproximadamente 590, quando emergiria a unificadora dinastia Sui.

No período dessa divisão norte-sul, os antigos grupos nômades que haviam se submetido ao poder imperial chinês, como os xiongnus, ganham autonomia nas fronteiras setentrionais e acabam formando várias dinastias sinificadas (isto é, baseadas na cultura e na política chinesa) e fugazes, enquanto as regiões mais ao sul permanecem sob o controle de diferentes dinastias propriamente chinesas. Nesse momento, grupos historicamente chineses passam a ser chamados, genericamente, de povos han (designação étnica que perdura até hoje), ao passo que grupos historicamente nômades ou não chineses são chamados apenas de não han – ou, ainda, de *Wu Hu*, "Cinco Bárbaros", uma referência aos principais grupos nômades que habitavam o norte: o xiongnu, o xianbei, o jie, o qiang e o dii.

Finalmente, no final do século VI, a recém-formada dinastia Sui (encabeçada por um patriarca Han, mas gerada sobre as estruturas políticas de um dos Cinco Bárbaros, o grupo xianbei) consegue pôr um fim na fragmentação territorial e devolve à China sua unidade fronteiriça. Mas esse poder dura pouco: em 618, o trono Sui é usurpado por um homem chamado Li Yuan, que assume o nome imperial de Gaozu e funda a dinastia Tang. O período Tang (que durou entre 618 e 907) é unanimemente considerado uma "era de ouro" para a civilização chinesa, marcado por um intenso desenvolvimento cultural, tecnológico, literário e cosmopolita – além de ter sido um momento de relativa estabilidade política e de recuperação de fronteiras imperiais muito antigas. É também durante o longo governo dos Tang que a China retorna de forma incisiva para o mundo da Rota da Seda, mas dessa vez não como a única controladora, e sim como uma participante.

Esse retorno à Ásia Central, inclusive, evidencia um dado bastante curioso na história da China, que é a semelhança entre o período Qin-Han do final do primeiro milênio a.C. e o período Sui-Tang do final do primeiro milênio d.C. Como vimos, os Qin foram os fundadores do Império Chinês e seu primeiro governante, Qin Shi Huang, foi responsável pela construção de uma parte importante da Grande Muralha. De forma semelhante, os Sui foram os "refundadores" do Império Chinês após séculos de fragmentação e seu primeiro governante, Wen de Sui, retomou os trabalhos de manutenção da Grande Muralha; o governo Qin durou pouco tempo e abriu espaço para o grande florescimento imperial do período Han, e seguindo esse padrão, o governo Sui durou pouco tempo e também abriu espaço para o grande florescimento imperial do período Tang. Acima de tudo, é interessante notar que da mesma forma que os Han abriram a Rota da Seda e avançaram sobre os territórios ocidentais, os Tang retornaram à Rota da Seda e também avançaram sobre os territórios ocidentais, atingindo uma extensão imperial muito semelhante àquela do passado. Pouco mais de 800 anos separam os Qin-Han dos Sui-Tang, mas a melodia da história, no que tange à Rota da Seda, toca com o mesmo ritmo em ambos os casos.

Outra coincidência histórica entre esses períodos tão cronologicamente díspares ocorre nas estepes da Mongólia. Assim como os xiongnus emergiram como uma poderosa confederação nômade que rivalizou com os governantes Qin e os Han, uma nova força nomádica começou a ganhar forma no i milênio d.C. e logo iria rivalizar também com os Sui e os Tang: os rourans.

O povo nômade conhecido como rouran tinha origem mongólica e surge na narrativa histórica como vassalo dos xianbeis (como vimos, uma sociedade pertencente ao grupo dos Cinco Bárbaros sinicizados). Enquanto os xianbeis se assentam na China durante o século III, os rourans se mantêm nas estepes do norte vivendo de rapinas e ataques, até que no começo do século v um líder rouran chamado Yujiulu Shelun domina outros grupos da região e funda uma confederação nômade no modelo da antiga Confederação Xiongnu. Ele então assume o nome de Qiudoufa Khan, e a partir desse momento as confederações nômades passam a ser chamadas de "canatos" (por conta do título régio, "khan"), termo que seria eternizado pelas hordas mongóis de Genghis Khan no futuro.

O Canato Rouran se torna uma força considerável no norte da Ásia e passa a exercer soberania sobre uma série de sociedades nômades, incluindo um grupo feroz conhecido pelos chineses como tujue, mas que chamava a si mesmo de türuk – palavra que deu origem ao termo moderno "turco". Em 552, um chefe turco chamado Bumin inicia uma rebelião contra os rourans e sai vitorioso. Nesse momento, ele altera seu nome para Illig Khan e funda uma nova confederação sobre os escombros do Canato

Rouran. Essa nova força ficaria conhecida como Canato Göktüruk – ou, mais popularmente, "Primeiro Canato dos Turcos Celestiais". O surgimento político dos turcos na Ásia Central, que ocorre ao mesmo tempo que supostamente os monges de Justiniano cruzavam o continente para conseguir os ovos de *Bombyx Mori*, é um marco de enormes dimensões para a história da Rota da Seda.

Região do Canato Göktüruk ou "Primeiro Canato dos Turcos Celestiais" (552-603) projetada em mapa atual

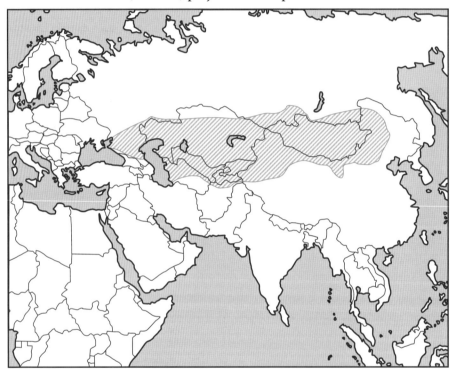

Mesmo após o esfacelamento do Canato Göktüruk em 603, os turcos manteriam diferentes estruturas de poder, como o Canato Turco Ocidental, o Canato Turco Oriental e o Canato Turco Uyghur, e se tornariam atores históricos indissociáveis da Ásia Central e da Rota da Seda. Como seria de se esperar, os ecos dessa nova força política atingem a China – como haviam feito os xiongnus séculos antes –, mas também os Impérios Persa e Bizantino, que agora precisam lidar com mais um intermediário nas estradas comerciais da Ásia.

Para entender mais profundamente o papel que os turcos passaram a ter na Rota da Seda, precisamos falar sobre seus parceiros iranianos chamados de sogdianos. Esse povo habitava a região que hoje corresponde ao Uzbequistão, mas que era chamada de *Sogdia* (ou *Transoxiana* em latim), localizada entre os rios Oxus (hoje chamado de Amu Darya) e Jaxartes (hoje chamado de Syr Darya), ao norte da Báctria, desde pelo menos o século VI a.C., quando eles se tornam súditos do Primeiro Império Persa. Originalmente nômades, os sogdianos eram relativamente próximos dos yuezhis e eram chamados de kangjus pelos chineses (e se retornarmos para as aventuras de Zhang Qian, lembraremos que ele encontra esse povo em suas viagens, indicando que já no século II a.C. eles faziam parte das estruturas comerciais da Ásia Central). Desde então, os sogdianos estiveram sob autoridade de diferentes poderes locais, desde os reinos helenísticos greco-báctrios até os kushanas e os sassânidas. Contudo, essa dominação de forças estrangeiras lançada sobre os sogdianos jamais significou, necessariamente, submissão, uma vez que esse povo não apenas habitava uma região bastante estratégica da Rota da Seda como também cultivava relações amistosas com diferentes civilizações, dos chineses aos persas. Essa conjuntura fez com que os sogdianos fossem vistos como mercadores natos, comerciantes experientes que "carregavam o espírito da Rota da Seda em suas veias".

Região da Sogdia

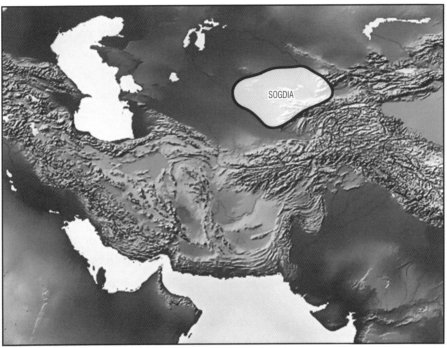

De fato, a fama de comerciantes e caravaneiros precedia os sogdianos. Mesmo sob diferentes autoridades, eles eram bem-vindos em várias cortes – e embaixadores de nacionalidades distintas, por sua vez, visitavam os palácios aristocráticos de cidades sogdianas como Samarcanda. Na metade do século VII, por exemplo, um governante de Samarcanda chamado Varkhuman mandou pintar nos murais de seu palácio uma cena representando todos os emissários que visitaram seus domínios: ali estavam retratados turcos, persas, chineses, indianos e até mesmo coreanos (de fato, os murais de Varkhuman estão de pé até hoje, e ainda que as pinturas estejam bastante danificadas, cientistas e historiadores foram capazes de identificar todos esses elementos).

Afrescos em mural no palácio de Varkhuman
representando embaixadores turcos, à esquerda, e coreanos, à direita.

Fosse sob mando kushana ou sassânida, os sogdianos eram os agentes individuais que cruzavam desertos e mediavam o comércio em sua dimensão mais local. O desempenho desse papel econômico vital, aliado à geografia da Sogdia, fazia com que as cidades da região estivessem seguras na maior parte do tempo e que viagens, tanto para o leste quanto para o oeste, fossem mantidas com frequência.

Assim, os sogdianos eram apreciados em especial pelos chineses que, particularmente antes da ascensão da dinastia Tang, dependiam em grande medida desses mercadores para conseguir produtos ocidentais e escoar seda crua até os persas. Nos séculos V e VI, comerciantes sogdianos eram quase os únicos responsáveis pelo trânsito da seda entre a China e os limites do Taklamakan (quando persas ou outros iranianos assumiam a porção mais ocidental do comércio), e por isso muitos deles possuíam propriedades ao longo do Corredor Hexi. Há igualmente muita evidência material da aproximação entre chineses e sogdianos: existem centenas de esculturas do período Tang representando mercadores sogdianos montados em camelos ou mesmo dançarinos e dançarinas sogdianas realizando movimentos intrincados, já que os chineses também admiravam as habilidades artísticas desse povo iraniano.

Escultura chinesa de viajantes de uma caravana sogdiana.

Nessa época, não havia uma sociedade que representasse melhor a Rota da Seda do que a dos sogdianos, com o seu cosmopolitismo. Nos agitados bazares da Sogdia, um visitante certamente ouviria uma variedade de idiomas, como o turco, o chinês, o persa, o grego e dezenas de outros dialetos regionais. Já uma passagem pelos centros religiosos revelaria praticantes do cristianismo, do budismo, do maniqueísmo e, especialmente, do zoroastrismo (então a religião oficial dos sassânidas). Assim, quando um caravaneiro sogdiano se deslocava, ele não levava consigo apenas os produtos materiais que seriam trocados, mas levava também crenças, culturas, línguas e práticas sociais.

Quando Illig Khan estabeleceu seu Canato, rapidamente se aproximou desses mercadores, em especial porque, após um acordo diplomático e militar com os sassânidas em 557, os turcos receberam a Sogdia, que desde 479 estava sob domínio dos heftalitas, um povo iraniano hostil aos persas. O encontro entre turcos e sogdianos não foi apenas amistoso, mas também significou uma verdadeira fusão cultural. Após séculos e séculos de movimentos por desertos e estepes, os sogdianos conheciam muito bem os modos de vida dos nômades, e provavelmente já mantinham contato com os turcos quando estes ainda eram uma sociedade submetida aos rourans. A partir do momento que Illig Khan e seus sucessores se tornam a grande força no norte da Ásia Central, a aliança turco-sogdiana se desenvolve de forma meteórica. Para os sogdianos, os turcos trazem prestígio: por meio destes, os mercadores sogdianos se tornam um grupo privilegiado atuando para os soberanos turcos como conselheiros, ministros econômicos, diplomatas, juristas e legisladores; os sogdianos contribuem com o conhecimento de uma estrutura comercial pronta para ser explorada, com rotas e contatos preestabelecidos. Além disso, os turcos também usufruem da cultura da Sogdia, e resolvem adotar a língua e a escrita dos sogdianos como *lingua franca* em seu vasto império nômade – de fato, a escrita sogdiana se tornou tão basilar na Ásia Central que, mesmo hoje, a grafia nativa usada para a transcrição dos idiomas mongol e manchu é derivada dela.

Por quase 100 anos, entre 557 e 640, a simbiose turco-sogdiana seria uma das principais forças políticas, econômicas e culturais da Rota da Seda, e talvez por influência direta dos sogdianos, os turcos tenham se esforçado sobremaneira para exercer controle sobre a chegada de produtos orientais no Ocidente – a seda em especial. Como os sassânidas também almejavam desempenhar esse papel, não demorou para que problemas surgissem, a despeito da aliança inicial que, em 557, garantiu para o khan a posse da Sogdia. Em 568, por exemplo, um príncipe turco chamado Istemi envia para Constantinopla uma embaixada carregada de presentes em seda e um convite para cooperação, mesmo sabendo que um acordo com os bizantinos certamente enfureceria os sassânidas. Quando notamos que essa missão diplomática havia sido organizada por um conselheiro sogdiano chamado Maniah, podemos perceber que ali havia o propósito claro de procurar dominar o comércio asiático e abrir um mercado direto com o Ocidente (via Império Bizantino) que evitasse o Império Persa.

Para o azar dos aristocratas sogdianos, a aliança turco-bizantina mostrou-se frágil e, por vezes, inexistente. Por vários motivos, incluindo choques culturais entre uma corte imperial greco-latina e uma corte nômade das estepes, esses parceiros políticos não confiavam um no outro. Tais choques culturais não são surpreendentes, já que a presença de três forças hegemônicas (bizantinos, turcos e persas) na embocadura da Rota da Seda não poderia ter outro resultado que não transformar a região em um barril de pólvora.

Não houve tempo, contudo, para que a seda causasse a explosão desse barril. No início do século VII, bizantinos e sassânidas entraram na fase mais violenta de seus habituais conflitos, travando uma custosa guerra que iria durar até 628. Já os turcos passaram por uma crise sucessória que se iniciou em 584 e seguiu até 603, culminando com a partição do Canato. Nesse meio-tempo, a China, como vimos anteriormente, se fortaleceu após séculos de fragmentação, e, após a dinastia Tang assumir o trono em 618, os imperadores chineses não perderam tempo para explorar as crises que estavam eclodindo do outro lado da Ásia.

O segundo governante da dinastia, Taizong de Tang, estava decidido a submeter os nômades mais próximos da China e, em 629, iniciou uma campanha contra o Canato Turco Oriental, que havia surgido com a partição de 603. Ele obteve a vitória no ano seguinte e, durante a década de 630, seguiu em conflitos com vizinhos nômades até que, em 640, conseguiu restituir o Protetorado das Regiões Ocidentais.

Era um momento especial para o Império Chinês. Os Tang haviam restituído a autoridade perdida após os Han, e as cidades-oásis do Taklamakan voltavam para a esfera de influência chinesa, finalmente recobrada depois de séculos de guerra civil e matança. Por algum tempo, na metade do século VII, a China seria então o mais próspero e poderoso império do planeta.

Bizantinos estavam com seus cofres esvaziados depois de intermináveis guerras contra os persas, igualmente empobrecidos, que começavam a repelir as primeiras investidas de beduínos da Arábia. Estes, por sua vez, encorajados por uma nova religião que surgira no deserto, iniciaram uma política expansionista pela Ásia e pela África. O Canato dos Turcos Celestiais, que por algumas décadas estremeceu as estepes do norte, havia se fragmentado e, em partes, aceitado enfim a autoridade Tang. Os mercadores sogdianos, devidamente escolados nos caprichos políticos da Rota da Seda, mostraram-se abertos como sempre a negociar com os chineses. Assim, o desbalanço no oeste da Ásia contrastou com a reemergência chinesa no leste. Isso faria com que o principal rival dos Tang na Rota da Seda não fosse nem os bizantinos, nem os persas, nem os nômades turcos, mas o recém-nascido Império Tibetano.

O planalto tibetano, que nunca havia sido uma grande preocupação para o Império Chinês, passara por um rápido processo de unificação no começo do século VII, quando um rei local chamado Songtsen Gampo submeteu sociedades vizinhas e, por meio de diplomacia e guerra, expandiu grandemente as fronteiras de seu reino, fundando o *Bod Chen Po*, mais conhecido como "Império Tibetano", em 618. Poucos anos depois, em 638, as forças de Songtsen Gampo atacaram as fronteiras chinesas sob o pretexto de que Taizong de Tang se recusara a enviar uma princesa chinesa para se casar com o governante tibetano, que tomou a negação como uma ofensa. Esse primeiro conflito terminou sem maiores problemas, mas ele anunciava atritos vindouros, e pelo resto do século VII ambos os impérios travariam confrontos esporádicos pelo controle da bacia do Tarim, que estava cada vez mais perto das fronteiras nortenhas expansivas do Tibete. (O Império do Tibete, de fato, dominaria a região entre os séculos VIII e IX.)

Mas mesmo com a presença tibetana ao sul do Taklamakan e perigosamente perto do Corredor Hexi, as fronteiras chinesas nunca haviam ido tão longe. No oeste, o Protetorado das Regiões Ocidentais, por um breve período, chegou a exercer influência sobre a Báctria e a Sogdia, e assim a China voltou a integrar de forma mais intensa a Rota da Seda.

Império Tibetano

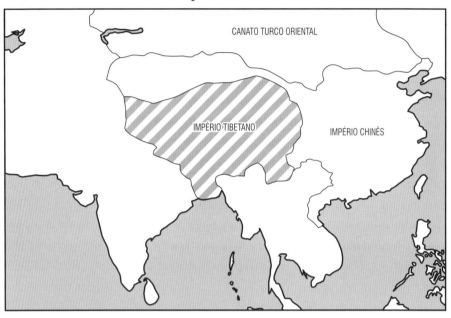

O CALIFA OLHA PARA O LESTE

Pouco antes de a China iniciar a maior expansão para o oeste de sua história até então, outro deserto, para além do Taklamakan, passa a integrar a nossa narrativa. Era o deserto do Hejaz, no centro da península arábica. Por volta de 610, ele se torna palco de uma revolução religiosa que, assim como o budismo, traria impactos duradouros para a Rota da Seda. Estamos falando, é claro, do surgimento do islamismo.

O islamismo se iniciou nas proximidades da cidade de Meca, quando um mercador de 40 anos chamado Muhammad afirmou ter recebido a visita do anjo Gabriel enquanto meditava em uma gruta. Gabriel, segundo a tradição, teria surgido diante de Muhammad e dito "Leia!", indicando que aquele mercador árabe agora se tornaria um profeta e teria a palavra de Deus revelada para si através de visitas do anjo Gabriel ao longo de sua vida – e essas revelações, mais tarde, foram transcritas no livro sagrado do islamismo, o Corão. Após sua primeira experiência profética, Muhammad começou a pregar o islamismo para seus amigos e para sua família e, pouco tempo depois, iniciou a pregação pública.

Isso trouxe problemas para as aristocracias mercantis de Meca, porque a cidade era um ponto importante nas rotas comerciais do deserto árabe e contava com um templo politeísta que continha imagens de várias divindades locais. Viajantes paravam nesse templo e pagavam taxas aos aristocratas da cidade para poderem cultuar seus deuses. Acontece que a pregação de Muhammad defendia ferrenhamente o monoteísmo, e o crescente número de convertidos a essa nova religião começou a trazer problemas econômicos para as elites de Meca, porque colocava em xeque, entre outros, a posição da cidade como centro do politeísmo árabe.

Muçulmanos recém-convertidos passam então a ser perseguidos pelos ricos mercadores de Meca até 622, quando a nascente (e crescente) comunidade islâmica foge para a cidade de Medina. Esse exílio ficaria conhecido como Hégira e marca o início do calendário islâmico – em outras palavras, é considerado o "nascimento formal" do islamismo. Baseado em Medina, o profeta Muhammad liderou os muçulmanos em uma série de conflitos de expansão e unificação pela península arábica até sua morte, em 632, quando praticamente toda a Arábia já estava convertida ao islamismo. Para manter a dinâmica de expansão e conversão que havia se iniciado em 622, não sem polêmicas e conflitos, os mulçumanos acabaram optando por uma figura de liderança chamada de califa, termo que, em árabe, significa "sucessor". Os primeiros quatro califas eram aparentados do profeta Muhammad, o que lhes garantiu prerrogativas políticas e sociais em um contexto propício para disputas sucessórias. Esses quatro califas ficaram conhecidos como *Rashidun*, que significa "bem guiados". Os califas "bem guiados" governaram entre 632 e 661, e nesse intervalo de menos de 30 anos, eles estenderam o Islá – por meio do proselitismo e das armas – para o norte da África até a Líbia, para a Mesopotâmia, para partes da Ásia Menor e do Cáucaso e, acima de tudo, para todo o planalto iraniano. A expansão ao leste foi talvez uma das mais significativas das primeiras décadas do islamismo, porque derrubou o Império Persa Sassânida e incorporou suas estruturas políticas, sua cultura de corte e seus traços civilizacionais ao califado. Essa vitória contra os persas ocorreu por uma conjunção de fatores: a velocidade surpreendente com que os árabes se organizaram, o esgotamento sassânida após décadas de conflitos quase ininterruptos com os bizantinos e o apoio de aristocracias iranianas locais, que demonstravam insatisfação com as políticas econômicas e militares do Rei dos Reis sassânida. Mesmo assim, apesar do apoio de segmentos das elites iranianas e do esvaziamento dos cofres persas diante de tantos anos de guerra, é, de fato, impressionante que um grupo político-religioso surgido no deserto tenha, em poucas décadas, derrubado um dos grandes impérios universais de sua época, ao mesmo tempo que enfraqueceu o poder bizantino no Egito e no Mediterrâneo norte-africano.

Em termos práticos, essas conquistas territoriais não significaram, contudo, ao menos de início, controle total das regiões dominadas. O Irã, por exemplo, era uma terra antiga com aristocracias tradicionais muito bem formadas, e para dar conta de lidar com tantos grupos diferentes que repentinamente passaram a integrar o mundo islâmico, os califas "bem guiados" precisaram adotar uma boa dose de flexibilidade política. Ainda assim, essas primeiras anexações colocaram os árabes em uma posição privilegiada para regular diferentes rotas comerciais: a partir do Egito, eles puderam dominar os trajetos marítimos no mar Mediterrâneo; através de seus domínios na Arábia, puderam controlar as estradas que faziam o comércio de perfumes, óleos e incensos tanto na península como no mar Vermelho; e, do Irã, eles estenderam sua influência sobre o tráfego marítimo do golfo Pérsico em direção ao oceano Índico e, claro, adquiriram um bom posicionamento nos portões ocidentais da Rota da Seda. Ou seja, em 650, o Império Chinês e o Califado Árabe eram os dois grandes pilares da Afro-Eurásia, e ambos competiam pela hegemonia na Rota da Seda.

No interior do mundo islâmico, a competição se acirrou quando uma crise sucessória levou à derrubada do califa Hasan ibn Ali, filho do último califa "bem guiado", Ali ibn Abi Talib, em 661. O manto califal foi assumido por um homem chamado Muawiya, patriarca e fundador da dinastia dos Omíadas. A partir de então, o Califado Omíada seria a grande força muçulmana entre 661 e 750. Nesses quase 90 anos de governo, os omíadas mantiveram ativa a máquina expansionista dos *Rashidun*, avançando, no oeste, sobre todo o norte da África e a península ibérica e, no leste, marchando até a Báctria e Transoxiana (que, como vimos, era a região onde estava a Sogdia). No caso específico da Ásia Central, as incursões omíadas foram sofridas e, por muitos anos, pouco efetivas. Os califas dessa dinastia enviaram as primeiras forças contra os sogdianos em 673 e, até o fim desse califado em 750, buscaram maneiras de submeter as cidades-oásis e os espaços caravaneiros, ora com diplomacia, ora com armas. Essas dificuldades são compreensíveis: a conquista da Pérsia foi facilitada pela inanição política e econômica dos sassânidas após décadas de conflitos com os bizantinos, mas a Rota da Seda estava sob a esfera de influência da China Tang, que nesse momento era talvez o mais poderoso Estado da Afro-Eurásia. Além disso, outro fato dificultou o avanço islâmico na região: a postura sociocultural adotada pelos omíadas, que privilegiavam seus súditos árabes em detrimento de muçulmanos de outras etnias, como persas ou norte-africanos. Essa supremacia étnica árabe adotada no califado não permitia, por exemplo, que persas assumissem cargos administrativos ou ministeriais, criando uma barreira cultural que não abarcava o escopo cada vez maior do mundo muçulmano. Se dentro do próprio califado essa situação já estava gerando descontentamento, a realidade cosmopolita da Rota da Seda, que envolvia dezenas de etnias e religiões, mostrou-se simplesmente incompatível com a política islâmica naquele momento.

Califado Omíada em sua maior extensão

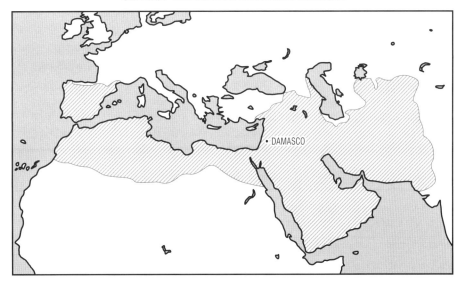

O MUNDO DO ISLÃ, AS CONVERSÕES E AS POLÍTICAS DE GUERRA

O islamismo desenvolveu dois conceitos que orientavam uma visão de mundo: *dar al-Islam*, "Casa do Islã", e *dar al-Harb*, "Casa da Guerra". A Casa do Islã designava os espaços dominados por muçulmanos e a Casa da Guerra designava os espaços dominados por inimigos dos muçulmanos.

Cristãos, judeus ou zoroastristas que habitassem nas terras da Casa do Islã deveriam pagar um imposto especial chamado Jizya. A Jizya era uma importante fonte de renda do califado, e por isso muitos súditos não árabes e não muçulmanos (desde que cristãos, judeus ou zoroastristas) eram encorajados a não se converter e manter suas religiões. Isso significa que "conversões no fio da espada" não eram recorrentes nas terras islâmicas – ao menos não no período do Califado Omíada. Por outro lado, pessoas consideradas pagãs poderiam ser capturadas e escravizadas. Já na Casa da Guerra, os juristas muçulmanos entendiam que os inimigos poderiam ser mortos em defesa da fé.

Especialmente a partir do século VIII, durante o Califado Abássida, sociedades não árabes, como iranianos, turcos e berberes do norte da África, passaram a integrar a Casa do Islã com mais intensidade, o que acabou afetando a sociabilidade e as políticas de conversão do islamismo: a expansão da religião aumentou, por vezes de forma violenta, e zonas da Ásia Central que antes eram grandes centros de budismo foram transformadas em espaços de fé islâmica. Em partes da atual Síria, muitos cristãos que se recusavam a pagar a Jizya ou se converter eram mortos. No século XII, no norte da África e na península ibérica, a perseguição a cristãos e judeus aumentou drasticamente no que talvez tenha sido um dos momentos mais intensos de conversões forçadas e violentas.

De forma geral, podemos dizer que os califas islâmicos estavam mais interessados na expansão e na conquista de terras do que necessariamente na conversão, mas esse cenário se altera no tempo e no espaço, na medida em que novas sociedades passam a integrar o mundo do Islã, o que significa que, em determinados momentos, judeus, cristãos e budistas sofreram repressão violenta. Assim, para muitos não muçulmanos que habitavam a Casa do Islã, a conversão não era apenas uma questão de fé ou de ascensão social e política, mas também de sobrevivência.

(Fonte: baseado em ARMSTRONG, Karen. *O Islã*. São Paulo: Objetiva, 2001.)

A situação, contudo, mudaria. Em 750, os omíadas enfrentaram uma rebelião liderada por Abu al-Abbas al-Saffah e vários dos grupos, líderes e aristocracias que estavam descontentes com as políticas de supremacia árabe, especialmente as antigas e orgulhosas elites iranianas. A rebelião conseguiu derrubar os omíadas (ainda que certos ramos dinásticos tenham continuado ativos na península ibérica por alguns séculos) e instaurou o chamado Califado Abássida, uma estável e longeva estrutura política muçulmana quando comparada com os períodos *Rashidun* e Omíada.

Ao contrário de seus antecessores, os abássidas incorporam politicamente muçulmanos não árabes, em especial os persas e outros iranianos – movimento acentuado após a criação da cidade de Bagdá em 762 pelo califa al-Mansur, que passa a ser a capital do Califado. A partir daí, Bagdá viria a ser um centro global de intelectualidade, cultura e aprendizado, na que seria uma "era de ouro" para o Islá. Talvez por influência dos contingentes iranianos, ou pelo desejo de se estabelecer como uma força cosmopolita, imediatamente após a instauração dinástica em 750, os abássidas se voltam para o Oriente e dão prosseguimento à conquista da Ásia Central que os omíadas haviam almejado.

Antes de prosseguirmos com as aventuras dos abássidas na Rota da Seda, precisamos voltar rapidamente para a China. Enquanto os omíadas tentavam avançar em direção à Transoxiana, a dinastia Tang passava por transformações: desde a década de 660, o poder de fato do império estava nas mãos de Wu Zetian, a esposa do imperador Gaozong de Tang e mãe de seus sucessores, Zhongzong e Ruizong. Entre 665 e 690, o imperador Gaozong e seus filhos Zhongzong e Ruinzong (que o sucederam após sua morte) eram pouco mais do que "figuras de Estado" controladas por Wu Zetian. Em 690, Wu Zetian acabou assumindo efetivamente o trono, coroada imperatriz, algo sem precedentes na história imperial da China, sob o título de *Sheng Shen Huandi*, ou "Sagrada e Divina Governante Celestial". Durante seu governo, a China viveu um período de prosperidade, aproximando-se ainda mais do budismo, inclusive. A diplomacia e a presença militar chinesa na Ásia Central foram reforçadas; tibetanos e turcos foram combatidos; e a autoridade chinesa sobre o Protetorado das Regiões Ocidentais foi reafirmada.

Wu Zetian governou até 705, e após pequenas crises de sucessão, as bases firmes deixadas por ela foram aproveitadas e aprimoradas pelo sucessor Xuanzong de Tang, cujo mando se iniciou em 712 e seguiu até 756 – o mais longo reinado do período Tang. Sob Xuanzong, a China atingiu seu ápice econômico, político e territorial, se expandindo ainda mais para o oeste. Nesse momento, a Rota da Seda estava marcada pela seguinte geopolítica: Xuanzong e os Tang detinham autoridade sobre o Corredor Hexi e a bacia do Tarim, sofrendo eventuais ataques dos turcos e dos tibetanos, que pelo norte e pelo sul, respectivamente, buscavam estabelecer suas próprias soberanias sobre os oásis do Taklamakan; enquanto isso, as terras mais ocidentais, incluindo a Sogdia e parte da Báctria, estavam sob a hegemonia do Califado (primeiro Omíada e depois Abássida), que regulava o comércio em importantes cidades sogdianas, como Bucara e Samarcanda. Em outras palavras, em 750, metade da Rota da Seda era Tang e a outra metade era abássida.

Essas duas forças asiáticas eram semelhantes, no sentido de que ambas colocaram em prática seu cosmopolitismo através da integração de sujeitos centro-asiáticos em seus exércitos e estruturas administrativas. Turcos, persas, sogdianos e outros estavam divididos entre as engrenagens chinesas e abássidas, e claramente tanto os Tang quanto os abássidas tinham pretensões universais – e havia lugar melhor para controlar o mundo do que a Rota da Seda?

Foi com essas predisposições e ambições que muçulmanos e chineses travaram uma batalha que simbolizaria o curso da Rota da Seda pelo resto do primeiro milênio. O encontro se deu em um vale próximo do rio Talas, que hoje corta o Quirguistão e o Cazaquistão. Essa era uma região estratégica, porque quem controlasse o rio Syr Darya (antigo Jaxartes), o grande rio nas adjacências de Talas, controlaria o escoamento ocidental da Rota da Seda através dos passes estreitos e montanhosos formados pelo encontro das cordilheiras de Tian Shan e Pamir. Segundo relatos chineses, os abássidas chegaram a Talas, prontos para enfrentar os chineses pelo controle da Ásia Central, com um exército de 200 mil soldados, incluindo destacamentos tibetanos ansiosos para ajudar em qualquer derrota infligida aos Tang. Xuanzong, por sua vez, enviou 100 mil soldados, de acordo com cronistas árabes, e 10 mil soldados chineses e 20 mil mercenários turcos da etnia karluk, segundo fontes chinesas. Os números, claro, são absolutamente questionáveis, mas fica evidente que a Batalha de Talas era considerada importante por todos, fossem eles árabes, persas, sogdianos, tibetanos, turcos ou chineses.

O conflito ocorreu no verão de 751. Do lado muçulmano, as vastas forças eram comandadas por Abu Muslim, um general persa que havia colaborado na queda dos omíadas e na ascensão dos abássidas. Do lado chinês, o exército dos Tang era guiado por Go Seonji, um general de origem coreana e filho de um alto oficial do reino de Gogureyo, localizado no norte da península coreana. A própria formação dos beligerantes revela o cosmopolitismo centro-asiático: o lado árabe era liderado por um persa e auxiliado por tibetanos, enquanto o lado chinês era liderado por um coreano e auxiliado por turcos. De qualquer forma, os líderes Tang sofreram uma rápida e acachapante derrota. Ao que tudo indica, quando a batalha começou, os mercenários karluk trocaram de lado e decidiram auxiliar os abássidas, deixando os chineses cercados entre árabes, persas, tibetanos e turcos. Com a aniquilação de mais da metade do contingente dos Tang, Go Seonji deu o toque de retirada.

A Batalha de Talas acabou rápido. Os chineses abandonaram a região, derrotados, e depois disso não tentariam mais se expandir para o oeste. Por conta desse conflito, os limites do Protetorado das Regiões Ocidentais foram então definidos pelo Califado, que, vitorioso, barrou avanços chineses posteriores e demarcou, assim, as fronteiras nas porções ocidentais da Ásia Central. Os muçulmanos retornaram para casa com 25 mil prisioneiros chineses e bens militares confiscados – incluindo uma importante invenção chinesa, o papel. Acima de tudo, o confronto em Talas representou bem o fato de que, a partir do século VIII, o Islã seria uma das grandes forças da Rota da Seda. Nos próximos séculos, vários grupos turcos se converteriam ao islamismo, comunidades muçulmanas se formariam no sul da China, e a cultura letrada seria marcada pela união entre islamismo e tradições iranianas.

Nos anos seguintes, abássidas e Tang enfrentariam graves ameaças à integridade política de seus governos, mas isso não alterou o fato de que o Islã se faria mais e mais presente na Rota da Seda. Quatro anos depois da Batalha de Talas, a China foi tomada de assalto por uma rebelião iniciada por um general turco-sogdiano chamado An Lushan. An Lushan havia servido o imperador Xuanzong, mas suas ambições o levaram a almejar o trono para si mesmo. Chamado de Rebelião de An Lushan, o levante só foi refreado em 763, mas a essa altura já havia deixado uma trilha de destruição que fez com que os governantes Tang levassem décadas para se recuperar. Pouco mais de 100 anos depois, em 874, uma segunda rebelião, dessa vez organizada por um traficante de sal conhecido como Huang Chao, foi ainda mais devastadora do que a de An Lushan. Huang Chao capturou Chang'an e Luoyang, as duas cidades que eram as capitais dos imperadores Tang, e em 878 ou 879 massacrou milhares de comerciantes na cidade de Guangzhou (conhecida como Cantão), incluindo árabes, persas e outros estrangeiros de origem cristã, muçulmana e zoroastrista. Por um breve momento, Huang Chao chegou a coroar a si mesmo como imperador, mas em 884 sua rebelião foi finalmente encerrada. Contudo isso não significou uma recuperação política dos Tang, que perderiam definitivamente o trono em 907. Mais uma vez, a China entraria em um século de dissidência política e, como consequência, perderia muito de sua influência na Rota da Seda.

O VIAJANTE IRANIANO ABU ZAYD AL-SIRAFI RELATA O MASSACRE DE CANTÃO

"Por causa dos acontecimentos ali ocorridos, as viagens comerciais para a China foram abandonadas e o próprio país foi arruinado, deixando todos os vestígios de sua grandeza desaparecidos e tudo em total desordem. Vou agora explicar o que aprendi sobre a causa disso, se Deus quiser. A razão para a deterioração da lei e da ordem na China, e para o fim das viagens comerciais para a China vindas de Siraf, foi uma revolta liderada por um rebelde de fora da dinastia governante conhecido como Huang Chao. No início de sua carreira, ele esteve envolvido em banditismo armado e vandalismo, causando caos geral e atraindo uma ralé de seguidores estúpidos. Com o tempo, quando sua capacidade de combate, o tamanho de suas forças e seu desejo de poder se tornaram fortes o suficiente, ele marchou sobre as grandes cidades da China, entre elas Khanfu [Guangzhou, ou Cantão]: esta cidade é o destino de mercadores árabes e fica a poucos dias de viagem do mar em um grande rio onde a água corre fresca. A princípio, os cidadãos de Khanfu resistiram a ele, mas ele os submeteu a um longo cerco – isso foi no ano 264 [877-78] – até que, finalmente, tomou a cidade e passou seu povo à espada. Especialistas em assuntos chineses relataram que o número de muçulmanos, judeus, cristãos e zoroastrianos massacrados por ele, sem contar os 84 chineses nativos, era de 120.000; todos haviam se estabelecido nesta cidade e se tornaram comerciantes lá. A única razão pela qual o número de vítimas dessas quatro comunidades é conhecido é porque os chineses mantinham registros de seus números. Huang Chao também derrubou todas as árvores em Khanfu, incluindo todas as amoreiras; destacamos as amoreiras porque os chineses usam suas folhas como forragem para os bichos-da-seda: devido à destruição das árvores, os bichos-da-seda pereceram, e isso, por sua vez, fez com que a seda, em particular, desaparecesse das terras árabes."

(Fonte: MONTGOMERY, James (ed.). *Two Arabic Travel Books*. Trad. James Montgomery. New York: New York University Press, 2014, pp. 67-69.)

O destino abássida depois de Talas seria menos dramático, mas igualmente debilitante. Até a década de 860, o Califado Abássida prosperava. Bagdá tornara-se um centro global: os maiores cientistas, médicos e literatos do mundo encontravam-se na corte do califa, as rotas comerciais estavam seguras e o comércio florescia no mesmo ritmo em que a arte e a poesia se espalhavam por todo o mundo muçulmano. É claro, havia disputa de poder, rebeliões e conflitos, mas nada disso parecia comprometer o sucesso do Califado Abássida. Contudo, no começo do século IX, especialmente após crises sucessórias que eclodiram em 860, iniciou-se um processo paulatino e constante de "autonomias regionais", isto é, líderes militares, príncipes, vizires ou rivais dinásticos começaram a controlar diferentes regiões do califado de forma efetiva, transformando o califa cada vez mais em uma figura meramente cerimonial. Isso acabou ocorrendo por toda a extensão do universo abássida, mas foi especialmente relevante nas porções mais orientais. Dinastias de origem iraniana, como os Safárida e os Samânida, foram adquirindo mais e mais poder entre os séculos IX e X, e acabaram se tornando os verdadeiros governantes da Ásia Central iraniana, dominando importantes cidades da Transoxiana, como Bucara.

Esses governantes locais, autônomos e dinásticos que começaram a pulular pelo Califado Abássida no século IX geralmente adotavam o título de *emir*, "príncipe" ou "comandante militar". Atuando como emires, esses personagens detinham o poder real, em especial em sua dimensão militar, mas tecnicamente ainda eram súditos do califa. Por isso, as unidades autônomas que governavam eram chamadas de "Emirados", ou seja, estruturas políticas governadas por um emir que, contudo, não disputa a autoridade moral, religiosa ou cerimonial do mundo islâmico. Sob a lógica dos emirados, os califas puderam continuar existindo porque seriam, cada vez mais, vistos como um símbolo de unidade histórico-religiosa do Islã, mas não mais como os chefes políticos detentores de poder militar.

Dos muitos emirados que surgiram desse peculiar esfacelamento abássida, nos interessa pensar a história do Samânida. Os emires samânidas eram iranianos descendentes de Saman Khuda, um nobre da região de Balkh, no atual Afeganistão, que clamava ser descendente de Bahram Gushnasp, um dos mais importantes generais sassânidas. Desde 818, os emires samânidas controlavam importantes cidades da Ásia Central, mas foi especialmente a partir de 892, com a dinastia unificada sob um único emir, que os samânidas atingiram o ápice de seu poder – que duraria até 999. Então, por mais de um século e meio, esses emires iranianos foram os senhores da Ásia Central. Quase todas as cidades da Rota da Seda a oeste do Taklamakan estavam sob autoridade samânida, incluindo Samarcanda, Herat, Bucara e todos os outros centros que, poucos séculos antes, haviam sido domínio dos mercadores sogdianos.

A grande atuação dos samânidas na Rota da Seda, contudo, não se deu meramente no comércio, mas também na cultura. Na corte dos emires da Ásia Central, ecos de tradições persas que haviam sido suprimidas pelos omíadas e apenas parcialmente liberadas pelos abássidas foram finalmente recuperados. Mais e mais obras de poesia e literatura foram escritas em persa, e não só em árabe. Houve, para todos os efeitos, uma espécie de "Renascimento Persa" que ajudou a criar uma solução para um antigo problema do mundo muçulmano: o choque entre árabes e não árabes. Os líderes samânidas (e outros das várias dinastias iranianas desse período) foram criando uma estrutura cultural que unia passado persa e presente islâmico, "desarabizando" e ao mesmo tempo "persianizando" o Islã. Essa estrutura acabaria proporcionando elementos de identidade para muitas sociedades muçulmanas não árabes, como turcos e mesmo indianos, que se inspirariam nos persas para desenvolver aspectos culturais e nos árabes para desenvolver aspectos religiosos.

Essa "identidade persa" que os samânidas trazem para o Islã e para a Rota da Seda pode ser vista concretamente em aspectos arquitetônicos, na língua e na literatura. O modelo arquitetônico comumente chamado de "perso-islâmico" se espalha como fogo selvagem por toda a Ásia Central e norte da Índia, com templos, palácios, praças, mesquitas e mausoléus adotando as estruturas estéticas que os iranianos desenvolvem nesse período. O estilo perso-islâmico inclui domos arredondados, capitéis com padrões complexos, ornamentos em gesso, portais no formato de arcos abobadados e grandes jardins abertos. Alguns representantes desse estilo podem ser vistos hoje, por exemplo, na Índia com o famoso Taj Mahal ou no Uzbequistão com o Registan, a praça central de Samarcanda. Além da arquitetura, a literatura e a língua foram ferramentas fundamentais de transmissão dessa nova identidade da Rota da Seda, islamizada e persianizada. Talvez a obra que melhor represente esse movimento seja o *Shahnameh*, ou "Livro dos Reis".

O Registan, o centro histórico da cidade-oásis de Samarcanda.

Comissionado por um líder samânida, patrono das artes, chamado Abu Mansur, o *Shahnameh* foi escrito com o objetivo de ser o grande épico da cultura iraniana. O autor do épico, Abo'l Qasem Ferdowsi Tusi (chamado também apenas de Ferdusi), era um nobre de origem persa que atuava como poeta na corte samânida e atendeu ao pedido de Abu Mansur, que desejava sumarizar a história iraniana de forma gloriosa, criando uma ponte entre o passado e seu presente de modo linear. Por volta de 977, Ferdusi inicia a escrita do *Shahnameh*, trabalho que consumiria os próximos 33 anos de sua vida. Quando conclui a obra, os samânidas já haviam sido suplantados pelos turcos, mas o novo líder, mesmo não sendo um iraniano, adotou o épico admirável como seu. O *Shahnameh* é um dos maiores épicos já escritos por uma única pessoa: levou três décadas para ser feito e conta com 50 mil dísticos, isto é, versos de duas linhas. A narrativa trata da origem e da trajetória dos antigos reis da Pérsia, iniciando com a história de monarcas lendários da tradição zoroastrista, e heróis e monstros do folclore iraniano; depois desse segmento mitológico, Ferdusi passa a descrever os feitos e as tragédias de todos os "Reis dos Reis" sassânidas. Ao final dos milhares de versos, tem-se uma verdadeira História aristocrática dos povos iranianos – uma narrativa com magia, romance, soberania, tragédia, orgulho e honra. Ferdusi havia inventado um passado glorioso que faria sentido para qualquer sociedade iraniana ou, ainda, para qualquer sociedade islâmica que desejasse se atrelar a esse magnífico passado na busca por legitimidade política ou por algum senso de superioridade civilizacional em relação aos seus rivais. O prestígio trazido pela literatura era, afinal, muito importante para sociedades que possuíam algum tipo de cultura de corte – como os emirados iranianos.

O *SHAHNAMEH*, OU "LIVRO DOS REIS", DO POETA IRANIANO FERDUSI

O *Shahnameh* é uma obra imensa e escrita em verso. Traduzir os versos, mantendo a cadência do idioma persa de Ferdusi, é um grande desafio, e por isso as poucas traduções desse texto são, na verdade, adaptações em formato de prosa. A seguir, temos uma adaptação dos primeiros versos do *Shahnameh*, em que Ferdusi narra a origem do primeiro ser humano (e primeiro rei) e do amor por seu filho, que logo seria morto pelas forças demoníacas de Ahriman. Nessa introdução, Ferdusi aproveita mitos advindos da tradição iraniana zoroastrista, em que Kayumars é entendido como o primeiro ser humano criado e Ahriman é considerado o principal representante do mal, uma espécie de "Lúcifer" se compararmos o zoroastrismo com o cristianismo. Essa pequena passagem é apenas um exemplo do tom, da narrativa e da estrutura da grande obra de Ferdusi.

> O que diz o poeta persa sobre o primeiro homem a buscar a coroa da soberania do mundo? Ninguém tem conhecimento daqueles primeiros dias, a menos que tenha ouvido histórias passadas de pai para filho. Isto é o que esses contos dizem:
>
> O primeiro homem a ser rei e a estabelecer as cerimônias associadas à coroa e ao trono foi Kayumars. Quando ele se tornou Senhor do Mundo, ele viveu primeiro nas montanhas, onde estabeleceu seu trono, e ele e seu povo se vestiram de peles de leopardo. Foi ele quem primeiro ensinou aos homens a preparação de alimentos e roupas, que eram novidade no mundo naquela época. Sentado em seu trono, tão esplêndido quanto o sol, ele reinou por trinta anos. Ele era como um cipreste alto encimado pela lua cheia, e o *farr* [carisma sagrado] real brilhava nele. Todos os animais do mundo, selvagens e mansos, reverentemente prestaram homenagem a ele, curvando-se diante de seu trono, e sua obediência aumentou sua glória e boa fortuna.
>
> Ele tinha um filho bonito, que era sábio e ávido de fama, como seu pai. Seu nome era Siamak, e Kayumars o amava de todo o coração. A visão de seu filho era a única coisa no mundo que o fazia feliz, e seu amor pelo menino o fazia chorar quando pensava na separação deles.
>
> Siamak cresceu e se tornou um bom jovem e não tinha inimigos, exceto o demônio Ahriman, que secretamente tinha ciúmes de seu esplendor e procurava maneiras de humilhá-lo. Ahriman teve um filho que era como um lobo selvagem; este jovem destemido reuniu um exército, espalhou sedição por todo o mundo e preparou-se para atacar o rei.
>
> (Fonte: baseado em FERDOWSI, Abolqasem. *Shahnameh, The Persian Book of Kings*. Trad. Dick Davis. New York: Penguin Books, 2016, p. 1.)

Por isso, diversas sociedades, após o ano 1000, adotaram o *Shahnameh* (e até mesmo a língua persa) como seu. Turcos e mongóis, por exemplo, demonstravam admiração pelo épico, cantando trechos do relato ou evocando nomes de heróis folclóricos quando iam para a batalha. Esse apego cultural também popularizou o idioma persa como uma língua burocrática, de corte ou mesmo culta, a ponto de que até mesmo os turcos do Império Otomano, meio milênio após a escrita do *Shahnameh*, ainda escrevessem poesia em persa.

Aqui, na passagem do primeiro para o segundo milênio de nossa era, estamos diante de um novo fenômeno que nasce na Rota da Seda: o Persianato. Chamamos de "persianatos" as sociedades islâmicas que, mesmo não tendo pano de fundo iraniano, adotam a cultura iraniana como sua. Veremos alguns exemplos no próximo capítulo, mas cabe entender que os persianatos são nativos da Rota da Seda, originados no encontro entre o cosmopolitismo da Ásia Central e os efeitos do islamismo sobre essa parte do mundo. Exatamente por esse motivo, alguns historiadores dizem que, entre o século IX, com a ascensão das dinastias persas, e o século XI, com a reconstrução do poder dos turcos, a Ásia Central viveu um período chamado "Entreato Iraniano", quando uma espécie de espírito identitário iraniano se espalhou pela Rota da Seda junto ao islamismo.

Isso tudo nos revela que a hegemonia islâmica sobre a Rota da Seda não era necessariamente política ou atrelada ao califado. Essa hegemonia foi também cultural, construída pelo cosmopolitismo das cidades-bazar e pela autonomia política adquirida pelos iranianos. Turcos e iranianos islamizados passaram a dominar ainda mais as rotas de viagem e as caravanas de mercadorias, que agora estavam também mais bem adaptadas às sensibilidades culturais islâmicas ou persianatas (a partir desse período, livros, materiais de pintura e escrita e ornamentos de prata se tornam bastante populares, rivalizando diretamente com produtos como a seda e as especiarias).

A hegemonia cultural islâmica e persianata atuaria diretamente na composição social da Ásia Central, e isso naturalmente acabaria afetando a dinâmica da região, como veremos a seguir.

Assim, quando a Rota da Seda passar para as mãos de novos sultanatos turcos, nos próximos cinco séculos, e, mais tarde, do grande Império Mongol, será essa a face, parte islâmica, parte persa, mas toda cosmopolita, que marcará a região.

A IDEIA DE "PERSIANATO"

A ascensão do persa teve consequências mais do que puramente literárias: serviu para levar uma nova orientação cultural geral dentro do islamismo. A partir de então, enquanto o árabe se manteve como a língua principal das disciplinas religiosas e até, em grande parte, das ciências naturais e da filosofia, o persa tornou-se, em uma parte cada vez maior do Islã, a língua da cultura educada; até invadiu o reino da erudição com um efeito cada vez maior. Deveria formar o principal modelo para a ascensão de outras línguas em nível literário. Gradualmente, surgiu uma terceira língua "clássica", o turco, cuja literatura se baseava na tradição persa; geograficamente, era quase tão difundido em termos de uso quanto o persa, mas na maioria dos lugares era usado em círculos sociais mais limitados e nunca atingiu o nível do persa como um importante veículo cultural. A maioria das línguas mais locais de alta cultura que mais tarde surgiram entre os muçulmanos dependiam do persa total ou parcialmente para sua principal inspiração literária. Podemos chamar todas essas tradições culturais, transmitidas em persa ou refletindo a inspiração persa, de "Persianato" por extensão.

(Fonte: baseado em HODGSON, Marshall. *The Venture of Islam* – Conscience and History in a World Civilization: The Expansion of Islam in the Middle Periods. Chicago: The University of Chicago Press, 1977, p. 293.)

Sugestões de leitura

ARMSTRONG, Karen. *O Islã*. Rio de Janeiro: Objetiva, 2002.
> Uma das obras mais interessantes acerca do islamismo disponível em português. O livro faz uma apresentação crítica da história e dos principais aspectos dessa religião.

BECKWITH, Christopher. *Empires of the Silk Road*: a History of Central Eurasia from the Bronze Age to the Present. Princeton: Princeton University Press, 2009.
> Obra bastante consistente, é a mais completa e bem pesquisada apresentação de Estados e reinos da Ásia Central.

FINDLEY, Carter. *The Turks in World History*. Oxford: Oxford University Press, 2004.
> Manual que explica o impacto dos povos turcos ao longo da história, indo desde a formação dos primeiros canatos até os tempos do Império Otomano e além.

HOURANI, Albert. *Uma história dos povos árabes*. Rio de Janeiro: Companhia das Letras, 2006.
> Grande clássico que descreve de forma acessível e competente a trajetória histórica dos povos árabes, especialmente após o surgimento do islamismo.

JAROUCHE, Mustafa Mamede. *Kalila e Dimma*. São Paulo: Martins Fontes, 2005.
> Tradução para o português de um texto clássico do Islã, *Kalila wa-Dimna*, uma coletânea de fábulas registradas por um autor persa e que ilustra as dimensões culturais (e não árabes) do Islã.

PEREIRA, Rosalie Helena de Souza (org.). *O Islã clássico*: itinerários de uma cultura. São Paulo: Perspectiva, 2007.
> Coletânea que explora uma grande diversidade de elementos religiosos e culturais do Islã.

Entre os mongóis e o período Moderno

OS SULTÕES DA SEDA: A ERA DOS TURCOS

Por volta do ano 1000, a Ásia Central e, claro, a Rota da Seda passavam por um paradoxo histórico: ao mesmo tempo que desenvolvimentos variados haviam ocasionado intensas transformações na região, como o espalhamento do budismo, a chegada do islamismo e a paulatina diminuição da influência chinesa direta, outros elementos permaneceram no tempo, como a presença atuante de grupos nômades ou seminômades.

O que isso significa? Ora, lembramos que a semente da Rota da Seda foi a interação entre nômades e sedentários. *Grosso modo*, o Império Chinês se utilizou de uma diplomacia baseada no prestígio e no consumo de bens de luxo para apaziguar, controlar e sobrepujar as confederações nômades que cercavam seu território. Não haveria um espaço hoje conhecido como Rota da Seda se não houvesse a movimentação dos nômades através de estepes, montanhas e desertos. Mesmo quando a Rota da Seda deixou de ser apenas um caminho chinês para o escoamento do tecido sérico e se transformou num universo de conexões, contatos e culturas, a presença das confederações na Ásia Central foi uma constante. Xiongnus, yuezhis, xianbeis e türuks foram alguns dos povos que, montados sobre cavalos e dominando os caminhos inóspitos das estepes da Mongólia ou das travessias do Taklamakan, transportaram e mediaram a compra e a venda dos produtos que saíam de Chang'an (atual Xian) ou que chegavam aos bazares de Alexandria, Damasco ou Roma.

Mesmo diante do protagonismo dos kushanas ou dos sogdianos, confederações nômades ou seminômades nunca deixaram de estar presentes na região. E foi esse exato padrão histórico que voltaria a se destacar no início do segundo milênio. Por essa época, os turcos "ressurgiram" como uma força considerável na Ásia, e isso se deu em duas vertentes: a dos sultões turcos nos territórios mais ocidentais e a dos khans nômades nos territórios orientais.

Na metade do século IX, uma grande parte das forças militares califais era composta por "mamelucos" – termo que significa "aquele que é possuído", ou seja, pessoas escravizadas. Tecnicamente, qualquer sujeito não árabe poderia ser um mameluco, mas, na prática, a maior parte dos soldados mamelucos eram turcos. Esses guerreiros turcos foram ascendendo na hierarquia militar e angariando experiência, poder e seguidores, de forma que vários deles puderam se tornar emires dinásticos quando o Califado Abássida começou a se fragmentar politicamente. O fenômeno do poder mameluco foi especialmente forte nas regiões mais ocidentais, como no Egito, mas ele também ocorreu em partes dos territórios orientais. Um exemplo relevante é o caso da dinastia Gasnévida: quando os samânidas iranianos dominavam a Ásia Central, alguns de seus principais generais, como Alp Tigin e Sabuktigin, eram turcos mamelucos. No final do século X, esses generais detinham poder suficiente para influenciar assuntos da corte. Sabuktigin, por exemplo, se tornou um importante governador-general. Seu filho, Mahmud de Gásni, foi além e, entre 998 e 999, destronou os emires samânidas e assumiu o poder na Ásia Central (sob a autoridade figurativa do califa). Aqui, a diferença é que Mahmud não assumiu o título de "emir", mas de "sultão". Até esse momento, nenhuma figura de nota havia adotado o título, nesse caso denotativo de um poderoso líder muçulmano que, apesar de não ser uma autoridade religiosa como o califa, tinha autoridade inconteste, ou seja, o título de sultão designava, na prática, uma liderança mais independente do califado do que o emir. Com esse movimento político, Mahmud fundou o Sultanato Gasnévida, um Estado que iria dominar a região do atual Afeganistão até 1186 ou 1191. Outro efeito da tomada de poder de Mahmud de Gásni foi a popularização do título de sultão e do modelo governativo do sultanato, que logo seriam adotados por outro grupo turco, os seljúcidas.

A dinastia turca dos seljúcidas originou-se do poder de um chefe militar chamado Seljuk, que no final do século X migrou para regiões do Irã e serviu, como uma espécie de mameluco, sob diferentes governantes locais, fossem eles samânidas ou gasnévidas. O poderio militar de Seljuk foi se tornando considerável, até que, em 1040, seus filhos Tughrill e Chaghri Beg atacaram e derrotaram os líderes gasnévidas, que precisaram fugir para o norte da Índia. A partir dessa vitória, até mesmo o califa reconheceu os seljúcidas como senhores da região, cujo poderio só iria aumentar nos próximos anos.

Em 1063, Alp Arslan, filho de Chaghri Beg, assume o controle do sultanato e sedimenta a força turca desde a Ásia Central, onde antes dominavam os samânidas e os gasnévidas, até a Ásia Menor, onde ele enfrenta os bizantinos e lhes inflige uma terrível derrota na famosa Batalha de Manzikert, em 1071. Do ponto de vista ideológico, Alp Arslan reforça sua imagem, adotando os títulos de *Al-Sultan al-Mu'azzam*, "O Sultão Exaltado", *Malik al-Islam*, "Monarca do Islã", e *Shahanshah*, "Rei dos Reis", antiga titulatura persa. Até o final do século XI, os seljúcidas comandariam militarmente grande parte do mundo muçulmano, dominariam a Rota da Seda ocidental (tendo assumido o papel que fora dos gasnévidas, dos samânidas e, antes, dos sogdianos) e voltariam seus olhos para o longevo Império Bizantino – que, de Constantinopla, vinha sobrevivendo a todas as intempéries ao longo dos séculos.

Gasnévidas e, em menor medida, seljúcidas, representam, portanto, a estrutura de poder turca que surge nas áreas mais ocidentais. Descendem, como visto, do poder angariado pelos guerreiros mamelucos do califado –

de soldados escravizados, esses turcos se tornam sultões no Oriente Médio, na Ásia Menor e na Ásia Central no início do segundo milênio.

O segundo modelo, profundamente impactante para a Rota da Seda, é o dos khans. Vimos anteriormente que, no século v, os líderes nômades de Rouran adotaram o título de "khan" (antes deles, os xiongnus empregavam o título de "chanyu"). Os türuks (ou turcos), que derrubam o Canato Rouran, mantêm essa designação para referenciar seus líderes, de forma que esse termo se transforma em um sinônimo de poder nômade na Ásia Central. O Segundo Canato Turco o adota, bem como o subsequente Canato Uyghur e, no século IX, o Canato Kara-Khanida (referido em português como Caracânida) também o faz.

Quem eram os líderes caracânidas, que ainda não figuraram em nossa História? Trata-se da principal força turca nômade das estepes até o século XI, e um exemplo da longeva presença das confederações no contexto da Rota da Seda. Seu canato era, então, uma confederação que agrupava diferentes sociedades nômades, como os karluks (que atuaram como mercenários na Batalha de Talas) e os yaghmas, que se unificam por volta de 840. Algumas décadas depois, os khans caracânidas se convertem ao islamismo e passam a mirar pastagens mais ocidentais, desejando adentrar a fértil e lucrativa região da Transoxiana. Esse desejo se concretiza na década de 990, quando eles atacam os domínios mais nortenhos dos samânidas, quase ao mesmo tempo que os gasnévidas iniciam a tomada dos domínios samânidas do sul. Esse contexto nos coloca diante de um fato curioso: duas forças turcas atacam, quase simultaneamente, o Emirado Iraniano que então controlava a Rota da Seda ocidental e que estava gestando a unidade cultural perso-islâmica, mas uma dessas forças tinha origem nos soldados mamelucos, e a outra nas confederações nomádicas. São os dois lados da mesma moeda, isto é, dos modelos de sociedades turcas que ascendem na Ásia Central nesse período.

Enquanto todo esse contexto se desenrolava, a China buscava algum nível de reunificação imperial através de uma dinastia surgida em 960, a dinastia Song. Os imperadores Song conseguem um bom nível de sucesso, mas entre 1115 e 1127 os Jin, uma dinastia vinda da Manchúria, no norte da Ásia, tomam as áreas setentrionais da China e mais uma vez o império se vê dividido entre norte (Jin) e sul (Song). Quando os Jin tomam de assalto o norte da China, diversos grupos não han (mas já sinicizados) fogem para a Mongólia e para a Ásia Central, e entre eles estavam os khitais. Esses khitais formam em 1124 o Qara Khitai, sendo que "qara" era uma estrutura política fruto de uma mistura entre um império nos moldes chineses e uma confederação nos moldes turcos. Após formarem essa grande estrutura política, os khans de Qara Khitai mantêm a marcha para o oeste, o que vai colocá-los em conflito com os caracânidas a partir de 1134 e com os seljúcidas a partir de 1141. Suas vitórias contra essas outras forças turcas alçam o Qara Khitai a uma posição de controle privilegiado de certas passagens da Rota da Seda e evidenciam, mais uma vez, o peso que as sociedades turcas (seja no molde do sultanato, seja no molde do canato) teriam nos séculos XI e XII: quase todos os fluxos e movimentos pela Ásia passariam por algum senhorio turco, fosse ele gasnévida, seljúcida, caracânida ou khitai. Isso significava poder e autoridade para os turcos, que assim podiam cobrar tributos, deter reféns, controlar o fluxo de produtos e beneficiar ou prejudicar sociedades de acordo com os diferentes interesses dos canatos.

Essas são algumas das metamorfoses da Rota da Seda: da influência econômica e cultural chinesa no início, passamos para a influência budista dos kushanas, depois para a influência imperial dos persas, para a influência mercantil dos sogdianos, para a influência islâmica do califado, para a influência identitária e artística do Entreato Iraniano e, finalmente, entre os séculos X e XII, para uma crescente influência militar exercida por diferentes sultanatos e canatos turcos. Contudo, apesar dessas alterações na superfície política ou nos pilares culturais da Rota da Seda, permanecem no coração desse mundo o cosmopolitismo, o consumo de bens de luxo, o intenso trânsito cultural, a mobilidade transcontinental e, material e simbolicamente, o eterno e virtualmente imutável valor régio e aristocrático do cintilante tecido chinês.

GRANDE KHAN, SENHOR DO UNIVERSO: *PAX MONGOLICA*

O século XIII foi um momento relevante para todo o mundo medieval, mas especialmente para a Rota da Seda. Afinal, foi de seu ventre mais interior, a Mongólia, que saiu o "conquistador do mundo", um líder nômade que alteraria o curso de todas as terras em que seu cavalo pisou e inauguraria o que poderíamos chamar de "fase final" da Rota da Seda: a fase dos canatos mongóis.

Apesar de atingirem sua maior fama no século XIII, os mongóis eram povos que habitavam o interior da Mongólia desde séculos muito recuados. Conforme fontes chinesas, na mesma época dos xiongnus, havia uma confederação nômade, mais embrenhada no norte, chamada Donghu. Os donghus, segundo esses registros, eram os descendentes de diversas outras confederações que haviam assolado a Ásia Central, como a Rouran e a Xianbei. Podemos, inclusive, supor que grupos turcos e grupos mongóis tenham tido uma origem semelhante ou, ao menos, aproximada. Além do idioma, o que os separava eram as práticas políticas e culturais que se desenvolveram quando os primeiros turcos derrubaram os rourans e seguiram se movimentando para o sul, para o leste e para o noroeste. Já os mongóis, atomizados em diferentes grupos familiares e dinásticos, viveram sua vida nômade consistentemente nas estepes da Mongólia. Isso mudou no século IX, quando uma até então desconhecida confederação mongol, a dos khamags, emerge na História. Com o surgimento dos khamags e a solidificação de uma dinastia manchúria no norte da China (a dinastia Jin), começa-se a produzir relatos que afirmam que o planalto da Mongólia, no século XII, estava dividido entre cinco confederações mongóis: além da confederação dos khamags, havia ainda a dos keraits, dos naimans, dos merkits e dos tatars. Essas cinco confederações estavam em constante conflito entre si e com a dinastia Jin. Segundo fontes da época, por volta de 1177, um jovem dos khamags chamado Temüjin teve sua esposa raptada pelos merkits, e essa ofensa faz com que ele inicie campanhas agressivas pela Mongólia, primeiro contra os merkits, depois contra os tatars e os naimans. Em 1206, após inúmeras vitórias, um xamã proclama Temüjin *Chinggis Khan* (ou Genghis Khan), título que provavelmente significava algo como "Senhor Justo" ou, ainda, "Senhor Universal". Temüjin deixa então de ser apenas um dos khamags e se torna Genghis Khan, senhor de todos os mongóis.

A HISTÓRIA SECRETA DOS MONGÓIS NARRA COMO GENGHIS KHAN NASCE MARCADO PELO DESTINO

Chinggis Qahan nasceu com seu destino ordenado pelo Céu acima. Ele era descendente de Börte Chino, cujo nome significa "lobo branco acinzentado", e Qo'ai-maral, a esposa do lobo, cujo nome significa "corça bonita" [...]. Na época de seu nascimento, ele segurava na mão direita um coágulo de sangue do tamanho de um osso de um dedo.

Esse trecho faz parte de um documento mongol popularmente conhecido como *A história secreta dos mongóis* que, entre outras coisas, trata da vida de Genghis Khan e, como tal, romantiza sua infância com relatos de profecias e sinais que "demonstram a todos" que Temüjin era um homem predestinado para o poder. Ao analisarmos essa fonte, precisamos levar em conta que idealizações como essas "marcas do destino" são bastante comuns em diferentes relatos sobre a vida de "grandes homens".

(Fonte: baseado em ONON, Urgunge (ed.). *The Secret History of the Mongols*. London: Routledge, 2001, pp. 39-57.)

Após reorganizar seu recém-nascido Império Mongol como uma formidável máquina de guerra, Genghis Khan parecia estar menos interessado na Rota da Seda e mais atento ao projeto de submeter os "nômades sedentários", os não han que haviam fundado dinastias na China, como a dinastia Jin. A partir de 1207, ele concentra suas forças no leste, mas como guerreiro experiente, Genghis Khan sabe que uma confederação nômade não se sustenta sem vitórias, saques e constante influxo de suprimentos e expansão das pastagens para os cavalos. Empreender um longo cerco à China rapidamente faria cair a moral de suas hordas, então Genghis Khan decide dividir seus contingentes e aumentar as frentes de atuação. Assim, em 1216, uma parte do Império Mongol (isto é, um *ordos*, termo mongol que designa um palácio-tenda móvel que controla um grande contingente de cavaleiros – de onde vem o termo "horda" em português) segue para oeste em direção à Ásia Central. A resolução deu frutos. Em cinco anos, Genghis Khan já tinha submetido os khans de Qara Khitai e outras forças da Transoxiana. Naquele momento, o Império Mongol atingira uma extensão considerável, indo desde as fronteiras do norte da China até a antiga Sogdia.

A VIDA NO IMPÉRIO MONGOL

O famoso Império Mongol foi, nos tempos de Genghis Khan e de seus sucessores imediatos, um grande Estado que, apesar de altamente adaptável, conservou muitos aspectos da vida nômade. Suas principais "cidades" eram, na verdade, grandes tendas móveis que podiam ser montadas e desmontadas em pouco tempo. A divisão administrativa interna era chamada de *ordos*, ou "horda", que designava um segmento político e militar que podia se mover de forma independente, mas a partir do mando do Grande Khan, a quem deviam satisfação, obediência e relatório de conquistas e butins.

A guerra foi outro aspecto do Império Mongol conservado da cultura das estepes. Por séculos, os nômades lutaram de forma semelhante, ou seja, empregando uma grande quantidade de arqueiros montados. Os ataques nômades (e mongóis) eram rápidos e consistiam em aproximar dos inimigos uma onda de cavaleiros, atirando flechas e depois recuando; em seguida, uma nova onda de cavaleiros faria o mesmo até que os objetivos fossem atingidos. Xiongnus, yuezhis, rourans, turcos e mongóis atuavam na guerra dessa forma, e esse método mostrava-se extremamente efetivo contra soldados a pé e contra os métodos bélicos empregados pelos povos sedentários em geral. Seria desse modo, com mobilidade e velocidade, que os mongóis conquistariam quase toda a Eurásia.

Os povos e as sociedades que se rendiam e se tornavam súditos passavam a ser relativamente bem tratados, mas os que resistiam eram simplesmente dizimados. De fato, cidades importantes como Samarcanda e Bagdá chegaram a ser arrasadas porque resistiram ao avanço do Grande Khan. Contudo, em tempos de paz, os mongóis e seus súditos se mostravam interessados em comércio de longa distância, e por isso a Rota da Seda, no geral, prosperaria no período mongol.

(Fonte: baseado em FAVEREAU, Marie. *The Horde*: How the Mongols Changed the World. Cambridge: Belknap Press, 2021, pp. 1-25.)

Mesmo com a morte de Genghis Khan em 1227 e com as crises de sucessão surgidas da rivalidade entre seus filhos Ögedei, Tolui, Chagatai e Jochi, o Império Mongol manteve um ritmo impressionante de expansão, invasão e vitórias. Vietnã, Cáucaso, Japão, Báltico e Leste Europeu foram apenas algumas das regiões atacadas pelos mongóis. Em 1259, quando morreu Möngke Khan, neto de Genghis Khan e último líder do Império Mongol unificado, esses nômades ocupavam um território contíguo de 23 milhões de quilômetros quadrados – ou seja, não dominavam apenas a Rota da Seda, mas sim boa parte do continente asiático.

Império Mongol em sua maior extensão em 1294

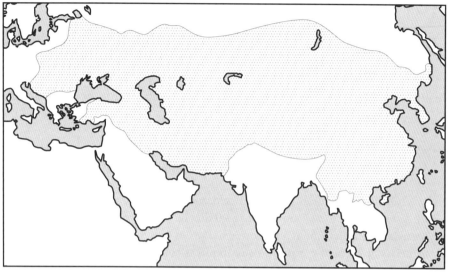

Essa dominação, sem precedentes na Rota da Seda, foi erigida sobre sangue e corpos de centenas de milhares (ou mesmo milhões) de pessoas. Acostumados com a natureza crua e violenta das estepes, os mongóis transportaram para o restante da Eurásia o modo nômade de se fazer guerra: ataques rápidos, razias, invasões, tomada de butins e violência como forma de distinção social e triunfo. Afinal, o grosso das expansões de Genghis Khan e seus sucessores se deu em meio século, tempo suficiente para que técnicas governativas fossem aprendidas e adaptadas, mas não o bastante para alterar a visão de mundo de uma geração que, por boa parte de sua vida, só conheceu a dura realidade do norte asiático, escasso, gelado e pouco fértil para a agricultura. Essa visão de mundo nômade era, na superfície, muito simples: como vimos, os nômades eram dotados de um modo de vida (tradicional e milenar) baseado na mobilidade e na guerra, porque era por meio de ataques e saques às cidades sedentárias que os guerreiros das estepes adquiriam prestígio social. Um líder nômade era, invariavelmente, um senhor da guerra; uma sociedade nômade próspera era, invariavelmente, uma sociedade com sucesso na violência. A escassez das estepes geladas e a brutalidade do modo de combate nômade eram, portanto, referências enraizadas nas hordas mongóis quando elas começam a se espalhar pela Ásia e por partes da Europa.

Por isso, relatos de terrível destruição, como o Saque de Bagdá de 1258 (que findou a existência do Califado Abássida no Oriente Médio), são chocantes não apenas para nossas sensibilidades modernas, mas também para as vítimas daquele período. Muitos documentos árabes e chineses são contundentes na descrição da ferocidade e da violência mongol. Era a realidade das estepes da Mongólia agora vista sob a lente de aumento da Eurásia sedentária.

TEXTO ANÔNIMO CONTEMPORÂNEO AO SAQUE DE BAGDÁ

"Os habitantes de Bagdá foram colocados sob a espada na segunda-feira, 11 de fevereiro, e foram submetidos a 40 dias de contínua matança, pilhagem, escravização; e eles [mongóis] atormentavam os habitantes usando diferentes maneiras de torturar e extorquir suas riquezas com severos castigos. Eles mataram homens, mulheres, jovens e crianças, de modo que apenas alguns dos habitantes da cidade [...] sobreviveram. Uma exceção foram os cristãos. Eles receberam guardas para proteger suas casas. Muitos muçulmanos procuraram refúgio com eles e foram salvos. [...] Grande parte da cidade, incluindo a mesquita do califa e seus arredores, foi queimada, e a cidade ficou em ruínas. Os mortos jaziam como montes nas ruas e nos mercados. A chuva caiu sobre eles, os cavalos os pisotearam, seus rostos ficaram desfigurados e eles se tornaram um exemplo para quem os visse. Então, a paz foi proclamada e os que restaram saíram do esconderijo. Sua cor havia mudado, suas mentes chocadas com a visão do horror que nenhuma palavra pode descrever. Eles eram como os mortos emergindo de seus túmulos no dia da ressurreição com medo, fome e frio."

(Fonte: GILLI-ELEWY, H. "Al-awādi al-ǧāmia: a Contemporary Account of the Mongol Conquest of Baghdad, 656/1258". *Arabica*, V. 58, n. 5, 2011, pp. 367-368.)

Porém, depois da tempestade, vem a calmaria. Esse ditado é válido para a Afro-Eurásia após a estabilização dos mongóis. Baixada a poeira das invasões, o que emergiu foi uma unificação sem igual, porque, a cada geração que sucedeu Genghis Khan, a aproximação dos mongóis com a vida e a política sedentária também aumentou – e, se distanciando do modo de vida nômade, escasso e muitas vezes violento, os mongóis se tornaram governantes adaptáveis, sedentários e flexíveis. Tolerantes do ponto de vista cultural, eles permitiam a manutenção de religiões locais, e muitas vezes os próprios mongóis se convertiam e assumiam os costumes das regiões conquistadas. Da Coreia à atual Hungria, havia uma autoridade homogênea, acomodativa, ciosa de seu próprio cosmo-politismo e, acima de tudo, preocupada com a segurança das viagens. Mesmo que após 1294 o Império Mongol estivesse definitivamente di-vidido em quatro unidades (a Horda Dourada no noroeste, o Ilcanato no sudoeste, o Chagatai no centro e a dinastia Yuan no leste), o nível de integração continental era impressionante. Por conta disso, historiadores definem o período que vai do final do século XIII a meados do XIV como a *Pax Mongolica*, a "Paz Mongol", denotando essa nova realidade integrada e relativamente segura ligando Ocidente e Oriente.

Apesar das destruições e do medo causado pelas incursões mon-góis, o comércio sempre havia sido um dos focos das hordas do Império Mongol. Durante a *Pax Mongolica*, a Rota da Seda floresceu como nunca. Nos vários séculos que antecederam Genghis Khan, viajantes e carava-neiros faziam deslocamentos de curta e média distância, transitando por segmentos delimitados da rota e trocando produtos em cidades específicas – ou seja, a Rota da Seda era a somatória de comércios locais ao longo da Ásia Central e eventualmente mais além. Esse tráfego altamente mediado continuou existindo na época da *Pax*, mas a estabilidade e a segurança mongóis permitiram que, talvez pela primeira vez, fosse possível a viajan-tes e caravaneiros percorrer um trajeto bem mais longo. Foi o caso, por exemplo, do famoso viajante italiano Marco Polo que, entre 1271 e 1295, fez uma viagem de ida e volta até a China através da Rota da Seda. Antes dele, missionários como Guilherme de Rubruck e João de Plano Carpini puderam fazer uma jornada semelhante – algo certamente impensável antes dos mongóis. Essa possibilidade se manteve durante o século XIV, quando vários outros viajantes europeus, africanos e asiáticos puderam transitar por longos trechos da Rota da Seda, entre os quais o marroquino Ibn Battuta, o "Príncipe dos Viajantes", que durante 30 anos perambulou por um total de 117 mil quilômetros, mais do que qualquer outra pessoa já havia feito, conforme os registros. Esses périplos impressionantes (e os contos fantásticos que foram escritos sobre eles) provavelmente não teriam acontecido sem os efeitos estabilizadores da *Pax Mongolica*.

IBN BATTUTA FALA SOBRE A SEDA E AS VIAGENS NA CHINA

"A seda é extremamente abundante, pois os vermes se apegam às frutas, comem e precisam de poucos cuidados. É por isso que é abundante e os pobres e indigentes se vestem com ela. Se não fosse pelos comerciantes, ela não teria valor. Entre eles, um único manto de algodão é vendido pelo preço de muitos de seda. [...]

A China é o melhor e mais seguro país para o viajante. Um homem viaja por nove meses sozinho com grande riqueza e não tem nada a temer. Isso ocorre porque em cada estação de correio desse país existe um *funduq* [albergue] que tem um diretor morando lá com uma companhia de cavalo e infantaria. Depois do pôr do sol ou do anoitecer, o diretor vem ao *funduq* com sua secretária e anota os nomes de todos os viajantes que vão passar a noite lá, depois sela e tranca a porta do *funduq*. De manhã, ele e sua secretária vêm e chamam todo mundo pelo nome e escrevem um registro. Ele envia alguém com os viajantes para conduzi-los até a próxima estação de correio e traz de volta um certificado do diretor daquele *funduq* confirmando que todos chegaram. Se ele não fizer isso, ele é responsabilizado por eles."

(Fonte: IBN BATTUTA. *The Travels of Ibn Battuta, AD 1325-1354.* Trads. H. A. R. Gibb e C. F. Beckingham. Farnham: Ashgate, 2010, v. IV, pp. 890-894.)

O mundo se abrira sob os cascos das hordas de Genghis Khan. Após a destruição, surgiu a oportunidade de contato e integração. Isso fez com que a Rota da Seda se esticasse e, ao menos durante a *Pax Mongolica*, deixasse de ser essencialmente o mundo da Ásia Central e se tornasse uma ponte entre Oriente e Ocidente, entre Europa e Ásia. Para o comércio e para as trocas culturais, esse alargamento foi muito frutífero. Além da própria seda, especiarias e outros produtos então misteriosos, como a pólvora, chegavam à Europa em massa. Do Ocidente, artigos de prata, peças de vidro e cavalos inundaram a Ásia e a China. Missionários cristãos começaram a se assentar na Índia e na China, e saberes islâmicos passaram a circular entre letrados ocidentais.

Esse foi, sem dúvida, o ápice da Rota da Seda em seu sentido comercial. Contudo, também foi seu "canto do cisne". Ainda no século XIV, cada um dos quatro canatos mongóis passou a enfrentar problemas variados, que iam desde rivalidades políticas até crises de sucessão e conflitos externos. Um obstáculo comum a todos eles foi o crescente descontentamento das populações locais com o caráter permanentemente "estrangeiro" da liderança mongol: isso gerou atitudes que poderíamos chamar hoje de "xenofóbicas" e que assolaram em especial a Horda Dourada e a dinastia Yuan, que em 1368 foi derrubada pela dinastia chinesa dos Ming, mais fechada e desconfiada de estrangeiros do que os governantes anteriores.

Uma catástrofe ainda maior do que as crises políticas acometeria a Afro-Eurásia após a *Pax Mongolica*. Com a abertura mais ampla do comércio, junto das remessas de seda, especiarias e pólvora, as caravanas acabaram também carregando a *Yersina pestis*, uma bactéria capaz de causar peste pneumônica, septicêmica ou bubônica. Através de uma combinação entre viagens de longa distância e a presença de ratos e pulgas nas comitivas comerciais, iniciou-se um terrível surto de peste bubônica no final dos anos 1330. A doença rapidamente se tornou pandêmica e se espalhou por boa parte do mundo conhecido, da China à Europa, assolando grandes centros populacionais pelo menos até 1353. Ainda hoje, a historiografia sobre o flagelo da *Yersina pestis* no século XIV é muito debatida e pouco consensual, mas estimativas do número de vítimas apontam uma média de 100 milhões de pessoas mortas em cerca de 10 anos. Entre o clima de pavor e toda a perda humana, as viagens pela Rota da Seda começaram a ser refreadas, contendo repentinamente o dinamismo que se sucedera às conquistas mongóis.

UMA ROTA ENTERRADA PELAS AREIAS DO TEMPO

Após a fase crítica da peste bubônica na Afro-Eurásia e a cada vez maior e mais rápida desagregação interna dos canatos mongóis, tanto a Ásia Central quanto a Rota da Seda pareciam fadadas ao esquecimento. Uma rápida injeção de sobrevida, porém, viria na forma de um conquistador turco-mongol conhecido como Timur (ou Tamerlão). Timur era um muçulmano que havia nascido na Transoxiana e, na juventude, tornou-se um comandante dos exércitos do Canato de Chagatai. Num movimento comum entre os guerreiros nômades, sua proeza em batalha lhe garantiu poder e, em 1370, o próprio trono daquela confederação nômade. Após a ascensão, Timur buscou legitimar seu governo colocando a si mesmo como um descendente político de Genghis Khan, um sucessor digno incumbido de restaurar a unidade e a glória do Império Mongol. Ele procurou legitimar esse papel não apenas no discurso, mas também na guerra. Durante três décadas, lançou campanhas por toda a Ásia Central e pelo Oriente Médio, especialmente contra os Estados sucessores do Império Mongol, como a Horda Dourada e o Ilkhanato. Timur também venceu batalhas contra outras forças muçulmanas, como os turcos otomanos na Anatólia e os sultões de Délhi na Índia.

Todas essas conquistas transformaram Timur no mais poderoso governante do mundo islâmico e deram origem a um grande emirado conhecido como Gurkani (popularmente referido como Império Timurida). Apesar de seu impacto, essa força política teria vida relativamente curta e, poucas décadas depois da morte de Timur, em 1405, outros rivais turcos começaram a conquistar seus territórios. Os otomanos, que eram uma força considerável na Ásia Menor, já em 1413 haviam se recuperado da derrota contra os timuridas, enquanto a confederação turca de Qara Qoyunlu tomou o Cáucaso na década de 1430. Diversos outros territórios foram gradualmente perdidos nos anos subsequentes, e em 1507 o Emirado Gurkani havia desaparecido, dando espaço para pequenos Estados locais (como o Canato de Bucara) ou para estruturas políticas que clamavam serem herdeiras de Timur, como no caso do Império Mogol fundado em 1526 por Babur, e que nos séculos seguintes seria uma das principais forças no subcontinente indiano.

Durante o breve "Século Timurida", isto é, entre o final do século XIV e início do século XV, a Rota da Seda se viu unificada pela última vez. Nesse período, contudo, o principal produto de troca não era mais o tecido chinês, mas sim a cultura de Persianato que, como vimos, teve suas sementes plantadas pelos iranianos samânidas quase meio milênio antes da morte de Timur, o último grande conquistador nômade da Afro-Eurásia. Durante seu suspiro final, portanto, as vias e as passagens da Ásia Central carregaram o idioma, a arte e a arquitetura persa. Entre os séculos XVI e XVII, quando o mundo islâmico passaria a ser dominado pelos três "Impérios da Pólvora", isto é, os turcos otomanos, os persas safávidas e os indianos mogóis, os resultados desse derradeiro momento da Rota da Seda seriam sentidos, e essas três forças políticas teriam, em seu coração cultural, a pulsante tradição de Persianato.

"Impérios da Pólvora"

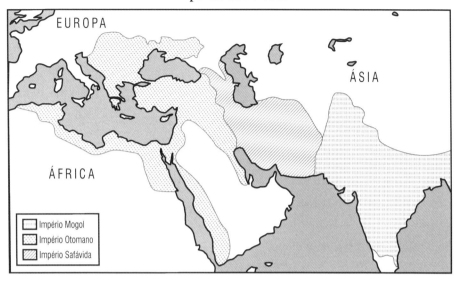

Assim, é interessante lembrar que, entre o século IV e o século X, a Rota da Seda viveu sua fase mais "persianizada", que culminou no movimento cultural samânida e no Entreato Iraniano, que iria dar origem aos persinatos. Entre os séculos X e XV, ela viveu sua fase mais "turquicizada", com sultões e khans disseminando a cultura samânida através de suas novas estruturas políticas. Já após o último dos timuridas, a Rota da Seda como sistema conectivo tornou-se uma mera sombra do que fora no passado, mas se as estradas formais decaíram, a sua dimensão "simbólica" prosperou – especialmente porque o modelo cultural e civilizacional de Persianato se tornou cada vez mais popular e floresceu sobretudo entre os Impérios Safávida, Otomano e Mogol. Com as rotas antigas caindo em desuso, o Persianato se tornou o "rosto" da Rota da Seda.

Por fim, o século XVI trouxe uma "tempestade de areia" poderosa demais para que a Ásia Central resistisse: a popularização de armas de fogo fez com que os Estados sedentários se tornassem maiores e mais fortes, e esse novo poder bélico mostrou-se muito eficaz em impedir que sociedades nômades conseguissem a força necessária para formar grandes confederações como no passado. Ademais, os hábitos de consumo começariam a se alterar paulatinamente a partir do século XVI, e a seda já não exerceria o mesmo fascínio de antes, quando ela vestia corpos políticos e aristocráticos.

Todos esses fatores, aliados à atomização política dos turcos na Ásia Central, foram centrais para o enterramento da Rota da Seda, mas talvez o golpe de misericórdia tenha vindo de mais longe, no formato de caravelas e bandeiras europeias. Com o século XVI, veio também a abertura do Atlântico e um novo mundo tornou-se conhecido. Novos produtos, culturas, pessoas, massacres e violências marcaram então uma Modernidade que já não olhava só para o Oriente, mas também mirava fixamente as faixas costeiras do extremo Ocidente. Assim, se o Atlântico representou um mercado inédito, o oceano Índico tomou a centralidade como o mercado tradicional. Novas rotas marítimas passaram a permitir que Estados europeus entrassem no lucrativo mercado de especiarias através da circum-navegação do continente africano, evitando a hostilidade de mediadores muçulmanos, como os turcos otomanos. As mudanças do mundo moderno foram, portanto, rápidas demais para as caravanas de camelos e cavalos da Rota da Seda.

Porém, mesmo que a balança dos movimentos globais tenha pendido para o Atlântico a partir do século XVI, podemos notar a longevidade e a importância do sistema de contatos e conexões que chamamos de Rota da Seda. Desde as viagens desbravadoras de Zhang Qian no século II a.C. até a queda dos timuridas em 1507, foram mais de 1.600 anos de movimentos. Nesse milênio e meio de vida, a Rota da Seda certamente passou por altos e baixos, por retrações e expansões e por diferentes características gerais: foi chinesa, nômade, kushana, persa, islâmica e turca; foi budista, zoroastrista e muçulmana. Contudo, em todas as suas iterações, a tônica foi a mobilidade e o cosmopolitismo.

Que lição podemos tirar dessa história? Ora, a Rota da Seda é uma lente rica para o passado: ela nos demonstra que, mesmo antes da Modernidade, o mundo já era conectado e dinâmico. Ela nos revela também que, apesar de os currículos escolares e universitários focarem sempre as narrativas ocidentais, a Ásia Central foi, por muitos séculos, um dos corações do mundo. De lá, bombeou-se cultura envolta em fios de seda.

Sugestões de leitura

Allsen, Thomas. *Culture and Conquest in Mongol Eurasia*. Cambridge: Cambridge University Press, 2001.
    Livro que discute a realidade política e cultural dos espaços que foram dominados pelo Império Mongol nos séculos XIII e XIV.

Barbosa, Elaine Senise. Gêngis Khan e as conquistas mongóis. In: Magnoli, Demétrio (org.). *História das guerras*. São Paulo: Contexto, 2006.
    Uma das poucas leituras disponíveis em português sobre o Império Mongol.

Biran, Michal; Brack, Jonathan; Fiaschetti, Francesca. *Along the Silk Roads in Mongol Eurasia*: Generals, Merchants, and Intellectuals. Berkeley: California University Press, 2020.
    Coletânea que traz biografias de personagens que atuaram na Rota da Seda, como mercadores, soldados ou intelectuais, durante o período mongol. Cabe destacar que esse livro faz uso de uma grande quantidade de fontes primárias raras ou de difícil acesso.

Favereau, Marie. *The Horde*: How the Mongols Changed the World. Cambridge: Belknap Press, 2021.
    Pesquisa atualizada e bastante extensa sobre o impacto do Império Mongol na história da Afro-Eurásia, focando especialmente no papel da Horda Dourada e suas ramificações posteriores.

O mundo da Rota da Seda

(RE)DEFININDO A ROTA DA SEDA

Depois do panorama histórico geral dos acontecimentos, dos povos, das vicissitudes e dos destinos da Rota da Seda abordado nos capítulos anteriores, podemos voltar à pergunta basilar apresentada logo no início deste livro: o que foi a Rota da Seda?

Essa pergunta se desdobra imediatamente em duas respostas. A mais simples nos informa que a Rota da Seda é o nome pelo qual designamos um conjunto de estradas formais que surgiu de um processo político, econômico e diplomático da China imperial em relação aos seus vizinhos nômades, considerados bárbaros e ameaçadores. Através das viagens de um oficial chamado Zhang Qian, os imperadores chineses estabeleceram estradas formais para poderem acessar, mapear e controlar os povos que se espalhavam em direção ao Ocidente, usando a seda, um desejado tecido de luxo, para fazer acordos, apaziguar ânimos e exercer autoridade. Essa versão mais literal da Rota da Seda foi aberta no século II a.C. e se encerrou no século II d.C., ainda que encarnações dela tenham aparecido em outros momentos posteriores.

Já a ideia mais complexa aponta que a Rota da Seda pode ser um termo geral para designar formas específicas de interação entre a Ásia Central e seus vizinhos ao leste e ao oeste. Essa interação seria por séculos o motor de desenvolvimentos culturais, lógicas sociais, transformações políticas e expansões religiosas. Em outras palavras, a Rota da Seda complexa é a ponta de um *iceberg* histórico que, abaixo da superfície, ganha um escopo imenso, abarcando os mais variados fenômenos. A cronologia dessa perspectiva mais intrincada é flexível, mas podemos dizer que ela abarca um intervalo de mais de um milênio e meio, indo desde as viagens de Zhang Qian no século II a.C. até o século XVI d.C., quando os últimos traços do Império Timurida começam a desaparecer, ao mesmo tempo que o Atlântico se abre e a Europa encontra o literal "caminho para as Índias".

Ao expormos essas duas ideias, persistem algumas questões importantes.

A Rota da Seda marcou o início do comércio de longa distância? Certamente que não, já que, como vimos, as trocas de bens de luxo são tão antigas quanto a própria História, e nossos antepassados, milênios atrás, já movimentavam preciosidades por todos os lados.

A Rota da Seda, então, foi a principal via comercial dos tempos antigos e medievais? Provavelmente não, uma vez que as conexões marítimas tendiam a ser mais rápidas, mais seguras e mais lucrativas – afinal, barcos poderiam carregar uma quantidade muito maior de produtos em comparação às carroças, aos cavalos e aos camelos. Em termos de movimentação humana e material, o comércio estabelecido no Sudeste Asiático e no oceano Índico sempre foi mais robusto. Além disso, por ser baseado em pimentas, especiarias, óleos, incensos, perfumes e cerâmicas, seu escoamento era mais abrangente, enquanto a seda especificamente quase sempre foi privilégio de governantes e altos aristocratas. Ora, se pudéssemos visitar agora um bazar romano, africano ou asiático da Antiguidade, provavelmente poderíamos adquirir pimentas, açafrão, cravo e canela, mas não seda.

Então, se a Rota da Seda não é nem a mais antiga nem a principal via de comércio do passado, qual sua importância? Aqui chegamos à nossa principal conclusão: a Rota da Seda é importante não porque ela era uma rota, mas sim porque era um *modelo de civilização*. As caravanas de camelos que atravessavam desertos e montanhas da Ásia criaram lógicas de contato mais íntimo e mais próximo do que os navios do oceano Índico. Cidades que até hoje carregam a beleza do cosmopolitismo asiático, como Bucara, Merv, Herat e Samarcanda, nasceram e cresceram nutridas por essa Rota da Seda civilizacional. Patrimônios da humanidade tão diferentes entre si, como o poema épico iraniano *Shahnameh* (o Livro dos Reis) ou o mausoléu indiano de Taj Mahal, têm, em maior ou menor medida, uma ligação cultural com a Rota da Seda.

Para além da importância de conhecer uma rede integrativa que atuou como molde civilizacional para o mundo antigo e medieval, existe mais um motivo, pedagógico, para conhecer a Rota da Seda. Mais especificamente, estudá-la nos força a olhar para uma região esquecida pelos currículos tradicionais de História. Como vimos nos capítulos anteriores, a maior parte dos movimentos humanos e culturais da Rota da Seda ocorre na Ásia Central. Quantos de nós sequer sabem o que, exatamente, é essa região? Será que somos capazes de falar algo sobre a história do Tajiquistão ou mesmo apontar o Uzbequistão no mapa? Provavelmente não, e essa é uma deficiência que advém também da forma dominante de pensar as narrativas históricas, que privilegia alguns centros em detrimento de outros. Ao longo deste livro, vimos que parte importante da história dos países "istão" reside no seu compartilhamento da Rota da Seda, e isso os coloca como um dos grandes motores culturais da humanidade. Antes de sua transformação posterior em espaços de disputa colonial ou em repúblicas soviéticas (e ex-repúblicas soviéticas...), os países que hoje formam a região da Ásia Central estavam entre os locais mais cosmopolitas do mundo, e entender essa história é importante para ampliar nossa visão do passado para além dos limites com os quais estamos familiarizados.

O BAZAR DA CULTURA: PRODUTOS
E IDEIAS DA ROTA DA SEDA

Afirmada a importância da Ásia Central para a história da humanidade – e, por consequência, a importância da Rota da Seda –, podemos revisitar quais as ideias e os produtos que surgem desse contexto.

O primeiro deles, claro, é a própria seda. Em termos de comércio de longa distância, jade era o material mais desejado pela China. Por milênios, os antepassados dos chineses importaram jade devido ao valor simbólico que essa preciosidade tinha para o exercício de poder, mas a seda passará a adquirir valor histórico quando ela se torna um material de barganha diplomática. Diante de ameaças e ambições nômades, podemos dizer que a seda deixou de ser apenas um tecido e se tornou uma linguagem: as dinastias chinesas não enviavam embaixadas sem que seus emissários estivessem carregando grandes quantidades de seda como presente para os líderes nômades. Como visto, a partir do prestígio que a seda adquire entre os nômades e de sua relevância como ferramenta de política internacional, outras sociedades passaram a empregar o material da mesma forma. Para os romanos e os bizantinos, a seda se tornou (mesmo que tardiamente) o tecido de capas e mantos que denotavam a sacralidade e a importância do governante. Tingida com a cor púrpura imperial ou adornada com fios de ouro, a seda tornou-se para eles a vestimenta do poder máximo. Algo semelhante ocorreu entre os persas, que se vestiam com camisões de seda bordada com padrões, desenhos e imagens exclusivas para o Rei dos Reis, criando uma aura de soberania invejada até mesmo por seus rivais romanos. Então, se a seda foi um dos principais produtos desse contexto, podemos dizer também que a simbologia de poder criada por ela foi uma das principais ideias que circularam da Ásia em direção ao Ocidente.

Também vimos que igualmente popular era o comércio de cavalos. Se a seda era o domínio da China, os cavalos eram o domínio dos nômades. Em suas montarias, homens e mulheres das estepes faziam guerras, acordos, casamentos e alianças. A proximidade com esses animais ensinou aos nômades técnicas de trato e pastagem que só chegariam aos chineses depois das viagens de Zhang Qian (o uso da alfafa como alimentação equina, por exemplo). Os cavalos das estepes também eram mais fortes, mais resistentes e mais ágeis que aqueles da China, por isso se tornaram um bem tão desejado por generais e imperadores. Para os chineses, adquirir cavalos significava também aprimorar as armas de guerra, com isso, a cavalaria se tornou um dos principais destacamentos militares das dinastias imperiais. Em outras palavras, o conhecimento animal e militar também foi um "produto" que circulou muito na Rota da Seda.

Não podemos esquecer que outra circulação importante foi a de pessoas. Mercadores, guerreiros, nômades, viajantes e exploradores que em suas bagagens carregavam suas crenças, seus idiomas, seus deuses e seus textos sagrados. A partir do século III d.C., a movimentação humana nas porções mais ocidentais da Rota da Seda, especialmente nas regiões da Báctria, passou a transitar por refinados templos religiosos aromatizados com incenso e adornados com bandeiras de seda. Eram templos budistas, que serviam primeiro como espaço de recepção aos viajantes, depois como locais de proselitismo. Esses templos, forjados no encontro entre comércio e religião, tornaram o *dharma* budista um dogma bastante popular na Rota da Seda, de forma que, décadas e séculos depois do fim do governo kushana (os kushanas foram os grandes patronos do budismo itinerante), sutras budistas eram entoados entre turcos, tibetanos, chineses, coreanos, japoneses e tantos outros no Sul e no Sudeste Asiático. Até a solidificação do Islã no final do primeiro milênio d.C., a crença budista era "a religião por excelência" da Rota da Seda. Não é para menos que, depois de Zhang Qian e antes da *Pax Mongolica*, um dos maiores exploradores da Rota da Seda foi Xuanzang, um monge budista chinês que, entre 629 e 645, viajou por toda a Índia em busca de conhecimento religioso, registrou meticulosamente informações sobre todas as estruturas políticas e sociedades que encontrou e trouxe de volta para a China mais de 600 textos sânscritos, alguns dos quais ele mesmo traduziu. Xuanzang sozinho foi um dos grandes responsáveis pela popularização do budismo *Mahayana* na China e sua aventura inspirou, quase mil anos depois, o famoso romance *Xi You Ji*, ou *Jornada ao oeste*, escrito na China do século XVI, durante a dinastia Ming, que narra a viagem de um certo Tang Sanzang (inspirado em Xuanzang) e seus companheiros Zhu Bajie, que era metade homem e metade porco, Sha Wujing, um general celeste, e Sun Wukong, o Rei Macaco taoísta. Assim, podemos dizer que a religião foi outro "produto" a circular na Rota da Seda.

Se as caravanas carregavam pessoas e religiões, elas também carregavam textos. Os mercadores da Rota da Seda comumente traziam consigo escrituras sagradas, cartas, documentos oficiais, encantamentos, amuletos ou recibos de compra e venda. Quando pesquisadores alemães realizaram expedições arqueológicas no oásis de Turfan (na atual região de Xinjiang, China) entre 1902 e 1914, eles encontraram milhares de objetos materiais, obras de arte, pinturas, afrescos – e, claro, textos. Havia toda sorte de material textual escrito nos mais variados idiomas e sistemas de escrita. Textos em turco antigo codificados com escrita maniqueia, sogdiana, tibetana e árabe, textos em chinês empregando escrita sogdiana, brami e uyghur, textos em tibetano grafados com escrita brami, e ao menos um texto em idioma desconhecido empregando uma escrita também desconhecida. Os achados de Turfan demonstraram que a comunicação na Rota da Seda não era um problema, pois ela se tornava inteligível no cruzamento entre idiomas e escritas. Apesar da curiosa variedade de documentos, algo fica evidente: o turco antigo era o idioma mais comum e o sogdiano a escrita mais popular. Nem a hegemonia cultural chinesa nem a influência cultural árabe superavam, na segunda metade do I milênio d.C., o poder que a simbiose turco-sogdiana exercia sobre a Ásia Central. Dessa forma, as evidências nos mostram que línguas e conhecimentos literários também estavam entre os grandes "produtos" que circulavam pela Rota da Seda.

Poder, guerra, religião e literatura eram os produtos "imateriais" da Rota da Seda, mesmo que eles estivessem "inseridos" no comércio de objetos tangíveis, como a própria seda, cavalos, textos religiosos e cartas ou outros documentos. Isso não significa que a Ásia Central fosse um espaço apenas de trânsitos culturais: havia também muita materialidade, e ela foi tão significativa para esse contexto quanto os outros aspectos. Para falar sobre isso, comecemos com a própria seda. Como um bem de luxo, o consumo de seda não configurava uma necessidade básica das civilizações que a compravam, por esse motivo seu mercado era diretamente dependente das demandas ideológicas das aristocracias. Em outras palavras, a seda só era necessária na medida em que seus usuários encontrassem significado para seu uso. Por isso a seda esteve em alta durante o embate político entre romanos e persas nos séculos IV, V, VI e VII, já que ela era necessária na composição dos cerimoniais imperiais. Contudo, na virada do milênio, os rituais de poder na Afro-Eurásia não necessariamente envolviam o emprego desse tecido – ao mesmo tempo que a China, constantemente dividida por rixas dinásticas, não necessariamente tinha a capacidade de suprir uma grande demanda internacional. Em determinados momentos, a baixa procura da seda obrigava que os mercadores intermediários, como turcos e sogdianos, buscassem outros produtos para a venda, uma vez que o trânsito comercial era central para seus modos de vida. Esses outros produtos geralmente assumiam a forma de porcelana ou especiarias. Após o século VII, cerâmica e porcelana chinesa passaram a ganhar muita popularidade, por serem objetos exóticos, decorativos, leves e consideravelmente mais baratos do que a seda. No mundo muçulmano, o desejo por esses objetos era especialmente voraz, o que é provado pelo "Naufrágio de Belitung", um navio árabe que afundou perto da Indonésia no século IX e foi encontrado, em 1998, com quase toda sua carga intacta no fundo do mar. Nela, havia pelo menos 40 mil peças de cerâmica e porcelana, e essa impressionante quantidade de materiais provavelmente seguiria para o golfo Pérsico. Ainda que essa embarcação obviamente não estivesse na Rota da Seda, ela é um exemplo do nível (e do tipo) de consumo de bens de luxo no mundo dos séculos IX e X.

Apesar de seu luxo, a seda era apenas um tecido, e com o tempo, outros locais, como o Império Bizantino e a Índia, começaram a produzir sua própria seda. Com isso, "produtos inimitáveis" passaram a ser cada vez mais cobiçados nos trânsitos asiáticos. Isso explica, além das cerâmicas e porcelanas chinesas, outro produto bastante comum na Rota da Seda, as especiarias. Por certo, para a troca de especiarias e outros materiais alimentícios, as rotas índicas eram muito mais populares do que as rotas terrestres, mas a Ásia Central também foi um espaço significativo para a circulação de temperos e sabores. O açafrão iraniano, a cássia chinesa, o cravo da Indonésia, a canela do Sri Lanka e a cúrcuma da Índia estavam entre os alimentos mais populares da Rota da Seda. Eles eram secos, leves, fáceis de transportar e mais versáteis do que outros produtos de luxo (além disso, boa parte dessas especiarias tinha uso medicinal, como o açafrão). Nenhum comerciante teria dificuldade para vender seus estoques de cravo e canela, por exemplo, visto que essas especiarias eram cobiçadas até mesmo nas regiões mais distantes da Rota da Seda, como o norte da França no século VIII.

Em 716, o rei merovíngio dos francos, Chilperico II, confirmou os privilégios fiscais da abadia de Corbie, localizada no norte da atual França. Isso significava que o abade poderia importar uma certa quantidade de produtos sem pagar qualquer imposto ao rei, como azeite, garo (um condimento feito com sangue e vísceras de atum), grão-de-bico, tâmara, cravo e canela. Quase todas as especiarias contidas neste documento, a "carta de privilégios", advinham do comércio índico, mas fica evidente que, em qualquer parte da Afro-Eurásia, haveria mercado para condimentos exóticos.

LISTA DE PRIVILÉGIOS FISCAIS
DE IMPORTAÇÃO DA ABADIA DE CORBIE, 716 D.C.

"[...] 10 mil libras de azeite,

30 barris de garo,

30 libras de pimenta,

150 libras de cominho,

2 libras de cravo,

5 libras de canela,

2 libras de espigão,

30 libras de *costus* [um tipo de flor],

50 libras de tâmara,

30 libras de figo seco,

100 libras de amêndoa,

30 libras de pistache,

100 libras de azeitona,

50 libras de *hidrio* [uma especiaria],

150 libras de grão-de-bico,

20 libras de arroz,

10 quilos de pimenta dourada,

10 couros curtidos,

10 couros de Córdoba,

50 tomos de papiro."

(Fonte: KÖLZER, Theo (org.) *Monumenta Germaniae Historica*: Diplomata Regum Francorum e Stirpe Merovingica. Hannover: Hahnsche Buchhandlung, 2001, p. 425.)

MIRAGENS NO DESERTO: OS ESTADOS DA ROTA DA SEDA

Produtos, ideias e culturas são fundamentais para que possamos aplicar o conceito de Rota da Seda em nossa compreensão da história. Pessoas e mobilidades são igualmente importantes, mas todos esses aspectos só entram em circulação porque existem pontos fixos que permitem que esse fenômeno ocorra. Não há Rota da Seda, portanto, sem um conjunto de cidades, oásis, reinos, bazares e pontos de caravana que abasteçam, acolham e protejam os viajantes. Essa afirmação pode parecer óbvia, mas devemos lembrar que uma perspectiva bastante comum é a de que a Rota da Seda é "a estrada entre Oriente e Ocidente". Como vimos, ela é muita coisa além de uma estrada, e ela é também um conjunto urbano capaz de amparar os movimentos.

A China, claro, é o primeiro ponto fixo da Rota da Seda. Foi a partir da capital Chang'an que Zhang Qian abriu os caminhos para os Estados localizados nos territórios ocidentais, para além das pastagens da confederação nômade dos xiongnus. A partir das cidades chinesas de Chang'an e Longxi, caravaneiros passariam pelo Corredor Hexi que, como vimos, era uma estreita faixa de terra cercada por cordilheiras e protegida pela Grande Muralha. Hexi era povoado por diversos assentamentos militares/agrícolas, dos quais o mais notável talvez fosse Dunhuang. A partir desse ponto, caravaneiros atravessariam o Portão de Jade e chegariam à bacia do Tarim, onde está o deserto do Taklamakan. Essa era uma região crucial da Rota da Seda, porque ao longo da bacia (e ao redor do deserto), oásis se transformaram em cidades que, por sua vez, se transformaram em reinos. Imaginemos o seguinte: cordilheiras de montanhas circundam o Taklamakan em um formato oval, e entre os sopés e o deserto, se formam oásis. Cada oásis se torna um centro urbano que, por condições geográficas e políticas, acaba funcionando como uma espécie de cidade-Estado. Isso significa que, em diversos momentos da história, *há dezenas de reinos na Rota da Seda!* Nos tempos de Zhang Qian, por exemplo, uma das primeiras cidades-oásis após Dunhuang é Loulan, nome que os chineses deram para o fugaz e pouco conhecido Reino de Krörän. Seguindo pelo sul ao longo do sopé da cordilheira de Kunlun, os caravaneiros do século II a.C. chegariam à cidade (e Reino) de Jingjue (ou Niya), e depois a Jutian, nome chinês para o importante Reino de Khotan. Desde tempos remotos, a região de Khotan estava na rota que trazia jade para os Estados chineses, e provavelmente no século III a.C., grupos indo-iranianos (como os sakas ou outras sociedades do norte da Índia) escolhem a localidade para fundar um reino. Khotan se tornaria um reino próspero e, por vezes, expansivo. Já no século III d.C., os khotaneses eram budistas e política e culturalmente próximos das sociedades de Gandara, no norte da Índia – e seguem sendo um reino budista por quase um milênio, quando então são incorporados ao mundo muçulmano no século X. Seguindo em direção ao noroeste de Khotan, os caravaneiros chegariam ao encontro das cordilheiras de Pamir e Tian Shan, onde o Reino-oásis de Shule dominava a passagem para o vale de Fergana. Shule, que controlava algumas cidades e tinha como capital o oásis de Kashgar (uma cidade ainda importante na região de Xinjiang), compartilhava várias semelhanças com Khotan: tratava-se de um reino indo-iraniano saka e também havia sido fundado no século III a.C. No século VIII, o reino é conquistado pelo Império do Tibete e, mais tarde, é integrado nas diferentes confederações turcas que controlam a região.

A nordeste de Shule, no sopé das montanhas Tian Shan, localizava-se outro longevo reino budista, o Kucha, que seria conquistado pela dinastia chinesa Tang somente no século VII. Partindo do Reino de Kucha, os caravaneiros que seguissem na mesma direção (ou seja, pela borda norte do Taklamakan, agora vindo em direção à China) chegariam ao Arsi, que os chineses chamavam de Yanqi. Arsi, que estava numa posição quase paralela a Kröran, era um reino fundado por grupos indo-europeus conhecidos como tocários, e seguindo o exemplo de Khotan e Shule, também perdurou até a virada do primeiro para o segundo milênio de nossa era, quando foi anexado pelo Canato Uyghur.

Esses eram apenas alguns dos reinos da bacia do Tarim. Eles todos eram baseados em cidades-oásis e constantemente se tornavam objeto de cobiça de diferentes dinastias chinesas – afinal, quando falamos do Protetorado das Regiões Ocidentais, estamos nos referindo exatamente a essas cidades. Além de seu posicionamento geográfico e de seu funcionamento mercantil, esses reinos tinham em comum sua etnicidade, já que haviam sido fundados, em sua maioria, por indo-iranianos, e sua religião, visto que o budismo se espalhara rapidamente pela área. Poderíamos dizer, então, que essa região é bastante peculiar e única na história da Rota da Seda: um espaço altamente cosmopolita, fundamental para o funcionamento do comércio, longevo em sua existência política, diverso em sua cultura e flexível em sua política, uma vez que essas cidades passariam séculos sobrevivendo à influência chinesa que vinha do leste, tibetana e indiana que vinha do sul, nômade turco-mongol que vinha do norte e iraniana que vinha do oeste. Somente na fase "turquicizada" da Rota da Seda, no segundo milênio de nossa era, é que esses Estados serão efetivamente dissolvidos. E, mesmo assim, cabe notar que quase todas as cidades-oásis que haviam servido como capitais desses reinos continuariam existindo na região de Xinjiang, na atual China.

As cordilheiras de Pamir, Kunlun e Tian Shan isolam o Taklamakan (o que provavelmente auxiliou na longevidade dos Estados do deserto), de forma que um viajante que passasse por esse oásis (e não pelo norte ou sul das montanhas) encontraria algumas poucas passagens para chegar ao outro lado da Ásia Central. Como vimos, uma delas estava além da cidade de Kashgar, que se abria para o fértil e idílico vale de Fergana (hoje no Uzbequistão e em partes do Quirguistão e Tajiquistão). O vale de Fergana é uma depressão incrustada entre Tian Shan e as montanhas de Alay (que se juntam à Pamir), com a Báctria ao sul e a Sogdia imediatamente ao oeste. É, para todos os efeitos, o ponto conectivo da Ásia Central, já que em todas as direções – norte, sul, leste e oeste – se estendem diferentes zonas geográficas e espaços sociais e históricos distintos. Esses espaços, formados por civilizações que já discutimos, como os yuezhi-kushanas ao sul, sogdianos ao oeste, turcos ao norte e persas ao sudoeste, também foram centrais para nossa História da Rota da Seda. Do ponto de vista comercial, enquanto o eixo Taklamakan-Fergana era mediador, várias dessas sociedades mais ocidentais eram escoadoras, isto é, eram aquelas que recebiam, compravam e redistribuíam os produtos orientais em direção ao Oriente Médio e à Europa (talvez com a exceção dos sogdianos, que possuíam ligação direta com a China).

**Algumas cidades da Rota da Seda,
incluindo as cidades-oásis do deserto do Taklamakan**

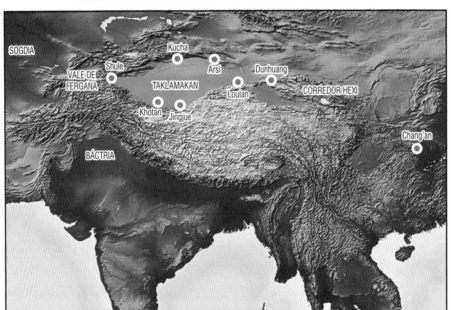

Se a região mediadora do Taklamakan marcou os primeiros séculos da Rota da Seda, especialmente no período Han, a região escoadora definiu os rumos da fase "islamizada" e "persianizada", como vimos nos capítulos anteriores. Foi ali, nas terras iranianas que circundam a Sogdia e a Báctria, onde nasceu o Entreato Iraniano e a ideia de Persianato, e foi a partir dali que o islamismo se espalhou para o leste (impactando especialmente algumas sociedades turcas). Essa dinâmica histórica, de ascensão e queda de reinos e impérios da Rota da Seda, nos revela a importância de diferentes espaços ao longo tempo, mas também nos indica como foi a "sobrevida" da Rota após seu virtual desaparecimento na Modernidade.

O que foi, afinal, a "sobrevida" da Rota da Seda?

Vimos no capítulo anterior que o molde cultural-civilizacional do Persianato ajudou a erigir os três grandes poderes muçulmanos da Idade Moderna: o Império Safávida do Irã, o Império Otomano dos turcos e o Império Mogol na Índia. Uma vez que o espalhamento e a popularização dos persianatos se deram com a mobilidade da Rota da Seda, podemos dizer que esses "Impérios da Pólvora", como a historiografia os chama, são herdeiros dessa longa história da Ásia Central. Em outras palavras, o "espírito" da Rota Seda sobrevive ao seu declínio através da cultura persianizada da modernidade islâmica.

O caso mais direto dessa relação histórica é o Império Mogol. Seu fundador, Babur, era tataraneto de Timur e, portanto, uma pessoa formada na tradição persianizada dos turco-mongóis dos séculos XIV e XV. Ele assumiu o governo de Fergana bastante jovem e, talvez com a intenção de emular seus famosos antepassados (como Timur e Genghis Khan), passou anos lutando por cidades importantes da Rota da Seda, especialmente Samarcanda e Tashkent. Apesar de conquistar vitórias fugazes, ele acabou colecionando derrotas e teve que fugir para o sul em direção à Kabul em 1504. Nos anos seguintes, o padrão de vitórias seguidas por derrotas continua, até que em 1519 ele decide conquistar a região indiana de Punjab, como Timur o fizera um século antes. Nessa empreitada, ele é bem-sucedido, e em 1526 funda o Império Mogol (tradução portuguesa do termo *Mughal* que, por sua vez, era a forma persa de se referir aos mongóis). Babur erigiu o "Grande Mogol" sob alguns pilares: proselitismo islâmico (o que causaria violentos choques contra sikhs e hindus), literatura e cultura de corte persa e o espírito conquistador mongol. Isso criou uma estrutura política que, ao mesmo tempo que era uma patrocinadora de cultura (uma determinada cultura), também poderia ser extremamente violenta e militarista. Esse modelo governativo seria mantido e aprofundado por três gerações de famosos imperadores mogóis: Akbar, neto de Babur; Jahangir, filho de Akbar; e Shah Jahan, filho de Jahangir e famoso por seu amor por Mumtaz Mahal, esposa a quem ele dedicou o mausoléu de Taj Mahal.

Ainda que os iranianos safávidas e os turcos otomanos também tenham se utilizado das estruturas de Persianato, o Império Mogol era o descendente direto do Gurkani timurida. De alguma forma, é como se esse império fosse, na verdade, o culminar dos processos históricos que se desenrolaram na Ásia Central e na Rota da Seda. Os movimentos nômades, a ascensão iraniana e depois turca, a violência mongol (seguida da *Pax Mongolica*) e o "Renascimento Timurida", tudo isso ampara os fundamentos mais profundos do Império Mogol. Senão em mobilidade, ao menos em cultura.

A ROTA DA SEDA E O MUNDO

Do século XVI ao XVIII, quando os "Impérios da Pólvora" estão em seu auge, eles compartilham suas fronteiras e formam um cinturão muçulmano que vai dos Balcãs à Índia, passando pelo Irã. O Império dos Turcos Otomanos, o maior em extensão, detinha territórios no Norte da África, na Europa e na Ásia, se conectando ao Império Safávida no Cáucaso e na cordilheira de Zagros, que separa o vale fértil da Mesopotâmia do planalto iraniano. Já os persas safávidas controlavam todo o Irã e, na região do Afeganistão, se uniam às fronteiras ocidentais do Império Mogol, que era limitado pelo Himalaia ao norte e se alargava até o sul do subcontinente indiano. Nesse "cinturão da pólvora" havia rivalidade, mas também cooperação, e o comércio florescia dentro dessa tríplice fronteira islâmica. Contudo, podemos notar uma mudança no eixo de poder a partir desses impérios: os trânsitos e os contatos estão voltados para o sul. A Ásia Central, do vale de Fergana ao Taklamakan, está desconectada desse novo espaço de troca e comércio. A Rota da Seda, podemos dizer, sobrevive no Persianato, mas depois do século XVI ela cada vez mais abandona a Ásia Central.

Quando a Rota da Seda "sai" da Ásia Central, temos um ponto-final para nossa História. Vimos que a Rota da Seda pode ser muitas coisas: uma rota de produtos, de culturas, de religiosidades; uma multiplicidade de sistemas de contato, um eixo civilizacional, uma grande esfera de cultura..., mas, em todos esses casos, a Rota da Seda também é uma História da Ásia Central. Por isso, decidir "quando começa" e "quando termina" a Rota da Seda está ligado com perceber quais são os movimentos históricos dessa região tão importante, ainda que hoje tão esquecida.

Essa é uma das grandes ironias de nossa visão contemporânea ou de nossa consciência histórica quando o assunto é a Ásia Central e a Rota da Seda. Vemos um lugar desimportante, quando na verdade ele foi um dos grandes centros do mundo; vemos um lugar isolado, quando sua história é marcada por séculos de conectividade; vemos um lugar de passagem, quando era, em realidade, um lugar de origem. Posto isso, espero que ao final deste livro duas conclusões possam ficar claras: a primeira é a de que a Ásia Central deve ter papel preponderante em qualquer narrativa mundial ou global sobre o passado. Esse espaço foi instrumental para tantos eventos e desenvolvimentos que, ao ser negligenciado, perdemos uma porção imensurável da compreensão da história geral. A segunda é a de que a Rota da Seda foi bem mais que uma *ponte* entre Oriente e Ocidente, ela foi de fato um *coração* de onde se bombearam civilização, patrimônio e cultura.

Sugestões de leitura

BURBANK, Jane; COOPER, Frederick. *Impérios*: uma nova visão da história universal. São Paulo: Crítica, 2019.
Exploração histórica e crítica sobre o impacto global de diferentes impérios, sendo esse um elemento importante para se pensar a Rota da Seda, em especial a partir das grandes estruturas políticas que a compuseram.

FRANKOPAN, Peter. *O coração do mundo*: uma nova história universal a partir da Rota da Seda – o encontro do Oriente com o Ocidente. São Paulo: Planeta do Brasil, 2019.
Livro acessível e introdutório para uma visão geral sobre a importância da Rota da Seda para a história mundial. Cada capítulo explora um período diferente da Rota, desde sua formação até suas versões mais contemporâneas.

HANSEN, Valerie. *The Silk Road*: a New History. Oxford: Oxford University Press, 2012.
Reconstrói aspectos tradicionais da Rota da Seda, com foco particular para a cultura material dos diferentes Estados que a compuseram.

MILLWARD, James. *The Silk Road*: a Very Short Introduction. Oxford: Oxford University Press, 2013.
Apesar de estar em língua inglesa, este é um dos livros mais acessíveis para conhecer a história da Rota da Seda de forma bastante geral. A obra, contudo, sacrifica especificidades em nome de uma narrativa um tanto simples e linear.

WHITFIELD, Susan. *Life along the Silk Road*. Oakland: University of California Press, 2015.
Livro que se aprofunda nos elementos mais cotidianos da Rota da Seda, apresentando temas como cultura material, hábitos de consumo e práticas culturais nos diferentes Estados da Ásia Central.

Cronologia

Fundação da dinastia Shang	1600 a.C.	
	1046 a.C.	Fundação da dinastia Zhou
Fundação da dinastia Qin por Qin Shi Huang e formação do Império Chinês	221 a.C.	
	220 a.C.	Touman cria o título de *Chanyu* (governante) e fortalece a Confederação Xiongnu
Ápice do poder xiongnu sob o governo de Modu *Chanyu*	209 a.C.	
	202 a.C.	Fundação da dinastia Han por Liu Bang (Taizu)
Ascensão de Wu de Han ao trono imperial da China	141 a.C.	

	138 a.C.	Zhang Qian parte em sua jornada para mapear as terras ao oeste da China (abertura simbólica da Rota da Seda)
Início da Guerra Han-Xiongnu	**133 a.C.**	
	112 a.C.	Início formal dos contatos da Rota da Seda a partir da chegada de emissários da Ásia Central à China
Guerra dos Cavalos Celestiais, travada entre a China e o reino de Dayuan	**104 a.C.**	
	97 a.C.	O diplomata chinês Gan Ying sai em busca do Império Romano
Os xiongnus se tornam tributários do Império Chinês	**53 a.C.**	
	30 d.C.	Kujula Kadefises funda o Império Kushana
Início do governo de Kanishka, o Grande, quando o Império Kushana atinge seu ápice territorial	**127 d.C.**	
	224 d.C.	Artaxes I funda o Império Persa Sassânida
Constantino I funda a nova capital romana de Constantinopla e acirra a rivalidade com os persas	**330 d.C.**	
	502 d.C.	Início dos conflitos entre romanos e persas do século VI

CRONOLOGIA 125

Descobrimento das técnicas de produção de seda pelos romanos (bizantinos)	**550 d.C.**	
	552 d.C.	Bumin (Illig Khan) funda o Canato Göktüruk
Illig Khan assume o controle da Sogdia	**557 d.C.**	
	618 d.C.	Fundação da dinastia Tang por Li Yuan (Gaozu)
Início do calendário islâmico (religião que dá seus primeiros sinais em 610 d.C.)	**622 d.C.**	
	640 d.C.	Sob o governo de Taizong, a dinastia Tang se espalha pelas regiões ocidentais
Fundação do Califado Omíada por Muawiya	**661 d.C.**	
	750 d.C.	Fundação do Califado Abássida por Abu al-Abbas al-Saffah
Batalha de Talas, entre abássidas e chineses, pelo controle da Rota da Seda	**751 d.C.**	
	892 d.C.	Fundação do Emirado Samânida na Ásia Central
Publicação do grande épico iraniano, o *Shahnameh*	**1010 d.C.**	
	1063 d.C.	Alp Arslan torna-se o sultão dos turcos seljúcidas
Batalha de Manzikert	**1071 d.C.**	

	1124 d.C.	Formação da Confederação de Qara Khitai
Temüjin unifica as sociedades mongóis e assume o nome de Genghis Khan	**1206 d.C.**	
	1258 d.C.	O grande saque de Bagdá pelos mongóis
Início das viagens de Marco Polo	**1271 d.C.**	
	1325 d.C.	Início das viagens de Ibn Battuta
Timur assume o controle do Canato de Chagatai, iniciando o "Império Timurida"	**1370 d.C.**	
	1453 d.C.	Turcos otomanos conquistam Constantinopla e o Império Bizantino chega ao fim
Babur funda o Império Mogol	**1526 d.C.**	
	Século XVI	Declínio da Rota da Seda diante da hegemonia econômica europeia e da abertura do Atlântico